Upgrade
Oder Versuch einer Annäherung

Ich danke allen, die mich so anzunehmen
versuchen, wie ich bin:
besonders meiner Frau Margareta

„Jo Köhlers Gedichte erzählen in poetischer Weise von den großen Themen des Lebens. Seine Sprache reicht dabei von traumwandlerischer Melancholie bis zu bittersüßem Witz, von warmherziger Introspektive bis zu schneidender Gesellschaftskritik und bleibt doch immer der ganz eigenen Sprache treu."

*– Rachel Bleiber*

„Seine Gedichte fordern mich dazu auf, innezuhalten und aus dem Rad des Alltags auszusteigen. Sie regen zur (Selbst) Reflexion an, beflügeln die Phantasie und lassen einen schmunzeln durch ihren hintergründigen Humor. Dafür bin ich ihm sehr dankbar und freue mich über weiteren Lesestoff."

*– Martin Barwich*

# Inhalt

# Vorwort

*„Wehe! Es kommt die Zeit, wo der Mensch den Pfeil seiner Sehnsucht nicht mehr über sich selbst hinauswirft, und die Sehne seines Bogens verlernt hätte zu schwingen.*
*Wahrlich, ich sage euch, man muss Chaos in sich haben, um einen tanzenden Stern gebären zu können. Wehe es kommt die Zeit, wo der Mensch keine Sterne mehr gebären kann."*
*(das Zitat stammt von Friedrich Nietzsche und ist eines, das ich bei Ansprachen ganz gleich welcher Art immer wieder gerne verwende)*

Am Anfang war das Wort, die Benennung und genau damit beginnt schon das Problem. Mit der Frage der richtigen Benennung. Nervenreize werde in Laute umgewandelt, aus Lauten werden Worte: Worte werden dann zu Bildern und Bilder zu Emotionen. Die Macht der Bilder.
Das Gedicht ist immer nur der Versuch einer Übersetzung vom – eigenen – Unsagbaren ins Sagbare. Und wir besitzen nur die Metaphern, aber nie die Inhalte, die Gründe, auf die sie sich beziehen. Diese entziehen sich uns und bleiben ein Geheimnis. Deshalb brauchen wir so viele Sprachen.

Dennoch, was gibt es Schöneres, als durch verdichtete Sprache berührt zu werden! Die wesentlichen Dinge des Lebens sind unfassbar – unsagbar, gäbe es da nicht die Kunst, die Musik, die Poesie. Und Poesie kann überall sein… nicht <u>nur</u> in einem Gedicht, aber auch in einem Gedicht.

Weniger die Außen- sondern vielmehr die Innenwelten des Daseins sind es, die mich als schreibende Seele interessieren.

Die Magie der Sprache, man könnte auch sagen das Schwarmverhalten der Wörter im Text, sobald man sie gebraucht und ihnen einen Kontext gibt. Als wenn die Wörter eine eigene DNA haben, in der alles gespeichert ist.

Manchmal kommt es mir so vor, als hätten die Worte einen eigenen Willen und müsste ich sie wie Wildpferde in der Prärie (das Pferd ist bei den Indianern das Synonym für Seele) mit einem Lasso erst einfangen, geduldig für mich gewinnen und zähmen, bis ich mit ihnen arbeiten kann. Doch meistens lassen sie sich nicht einfach einfangen.

Die Kunst des Wortes kann also **erhaben** oder **rebellisch** sein, doch sie hat immer etwas Spekulatives, das ist ihr Antrieb und konstruktives Ideal, man könnte auch sagen: ihr unergründlicher Götterfunken. An diesen klammere ich mich wie an einen Strohhalm, der mich nicht loslässt und den ich nicht loslasse.

Mit Hilfe einer Gedichtzeile – und sei es nur ein Fragment, vielleicht nur eine Art Scherbe von einem Gefäß – über die Grenzen der eigenen Sprache und damit auch über die Grenzen der eigenen Welt ein Stück hinauszugelangen, bestimmt die Koordinaten in meinem inneren Navigationssystem, nach denen ich mich ausrichte.

Der früheste mir bekannte Kulturbegriff „*Cultura Animi*" stammt vom römischen Philosophen Cicero (etwa 100 Jahre vor Christus) und meint das Heranziehen der Seele, das Aufziehen, die Aufzucht und denkt dabei an Ackerbau.

Die Entstehung des deutschen Wortes „*Buchstabe*" reicht noch weiter zurück bis tief in die Mythologie der Germanen und deren Schamanen, die mit Buchenholz-Stäben gewürfelt beziehungsweise gezaubert haben, um alle möglichen Dinge des Lebens aus ihnen herauszulesen.

Das Narrative in der Literatur beginnt für mich dort, wo man Erlebtes in Worte (Geschichten oder Gedichte) kleidet, in die andere wiederum Eigenes hineinlegen und wieder herauslesen können.

**Müsste ich ein Motto oder eine Überschrift für mein ganzes Leben finden, würde ich es am liebsten „Versuch einer Annäherung" nennen – genau wie diesen Lyrik-Band.**

Ein Lebensmotto freilich, das schon etwas – *ich bitte das Wortungetüm zu entschuldigen* – von literarischem Dekonstruktivismus hat und wie ein a-tektonisches Programm durch die Dichterseele läuft.
Üblicherweise unterstellt man jedem Text eine rekonstruierbare Sinneinheit, die durch Interpretation herauszudestillieren ist. Im Dekonstruktivismus geht man allerdings davon aus, dass sich ein Text in seiner Bedeutung selbst hinterfragt, verborgene Strukturen offenlegt und ihre Verletzlichkeit sichtbar macht.

Man könnte auch zugespitzt sagen: nichts widerspricht dem Ego eines guten Autors so stark wie das eigene Werk – im unauflöslichen Spannungsfeld zwischen dem Schöpferischen und dem Zerstörerischen, dem Destruktiven und dem Konstruktiven.

Verursacht durch tiefe Erfahrungen des seelischen Schmerzes und vielleicht auch dadurch, dass jeder Dichter im Grunde seines Herzens ein Exilant ist, selbst wenn er seine Heimat niemals verlassen musste. Es genügt schon, dass er sich selbst verlassen fühlt. Ein Trauma, das für jeden von uns schon mit der Geburt beginnt, denn geboren werden heißt immer auch verlassen werden.

Thomas Mann hat nach seiner Rückkehr aus dem Exil den Stadtvätern von Düsseldorf sinngemäß gesagt: der Literat ist kein Administrator, der tagsüber seines Amtes waltet und sich abends im Theatersessel – heute müsste man wohl sagen Fernsehsessel – zurücklehnt, sondern der Künstler ist einer, der für und durch seine Arbeit brennt.

Joseph Beuys hat diesen Gedanken in den siebziger Jahren wieder aufgegriffen und in seiner Kunst für die Befreiung des Kunstbegriffes von allen intellektuellen, akademischen und ökonomischen Fesseln gearbeitet. Dieser Gedanke hat mir immer viel Mut gemacht.

Die Gedichte in diesem Band sind entstanden in den Jahren 2001-2017. Ich habe sie ganz bewusst ungeordnet gelassen und keinen festen Themen zugerechnet, sondern überlasse es dem Leser, unter welchem äußeren oder inneren Vorzeichen er diese auflesen mag.
Die chronologische Reihenfolge der Gedichte markiert für mich dennoch einen inneren unsichtbaren Faden im Labyrinth meines dichterischen Daseins.

Ich komme zum Schluss mit einem Wort des Arztes und Mystikers Theophrastus Bombastus von Hohenheim, bekannt auch unter dem Namen Paracelsus: *Ein jeglicher Mensch soll die Gaben und Fähigkeiten, die ihm anvertraut sind, in der Nächstenliebe zur Tat werden lassen. Wer aber die Liebe in dem Stroh nicht sucht, hofft vergeblich, und drischt nur Stroh!*

# Brief an den Leser!

Das Unsagbare sagbar zu machen und dem Wesen der Dinge eine Sprache zu geben, ist die vornehmste und schönste Aufgabe des Gedichtes. Es bedeutet mehr, als unser Verstand und seine Logik hergeben. Es ist die Klugheit der Sinne und die Weisheit der Seele, die sich in ihm ausdrückt.

Lyrik heißt etwas zu versinnlichen oder zu verbildlichen, das man zwar spüren aber kaum begreifen kann. Lyrik heißt schauen, wie man noch nie geschaut hat.

Stell dir ein Piano und einen Pianisten vor und erwarte ihn mitten in der Fußgängerzone vor einem belebten Kaufhaus in der City. Du siehst, wie er ankommt, im schwarzen Frack daher schreitet, sich feierlich und konzentriert ans Klavier setzt, seine Hände massiert und gefühlvoll in Stellung bringt, aber nicht spielt keine einzige Oktave, nach einer Weile den Deckel wieder zuklappt und sich zurückzieht.

Das Konzert hat dennoch stattgefunden, es war nur etwas anders als erwartet. Es war das Rauschen der Welt, das gespannte Atmen und Räuspern der Umstehenden, das Kreischen eines Kindes in einer Seitenstraße, der Alarm eines Martinshorns in der Ferne, die Vibration der Geschäftigkeit in der eingetretenen Stille über dem Asphalt, die hier im Zentrum einer Großstadt überall in der Luft liegt: nie zuvor haben die Zuhörer das, was sonst ausgeblendet wird, so fokussiert und intensiv wie in diesem Moment gehört.

Der dänische Philosoph Soren Kierkegaard sagte dazu: man muss die Wahrheit verstellen – man könnte auch sagen „verzerren", um sie überhaupt sichtbar machen zu können.

Deshalb warne ich davor, ein Gedicht wissenschaftlich oder – noch schlimmer – schulmeisterlich zu behandeln, denn dann zerpflückt man es immer weiter. Am Schluss bleibt die Erkenntnis übrig, dass der Dichter in seinem Werk siebenmal den Buchstaben A oder vierzehnmal den Buchstaben E verwendet hat. Mehr nicht. Und man hätte den Sinn dahinter nicht verstanden, sondern ihn vollkommen zerstört.

Klar, die Voraussetzung jeder Rezeption ist, dass man ein Gedicht zunächst bitteschön auch so liest, wie es geschrieben ist. Ich denke hier an die Berücksichtigung von Umbrüchen und Satzzeichen: ähnlich wie in der Musik die Partitur. Das ist in der heutigen Zeit leider weniger selbstverständlich, als man meinen möchte.

Gleichzeitig empfehle ich, spätestens danach oder meinetwegen schon davor, das Gedicht auch wild und anarchisch wie durch einen Zufallsscanner zu lesen und zu überfliegen, so wie es dem Leser gerade in den Sinn fährt.

Lyrisches grenzt niemals aus oder ab, sondern weitet den Horizont und öffnet ein Fenster in eine andere Welt. Es enthält immer ein Geheimnis, das sich nur dem Leser und dabei jedem Einzelnen von uns anders offenbart.

Wobei das Wichtigste an dem Gedicht gar nicht das ist, was uns der Dichter damit sagen will, sondern vielmehr das ist, was sich im Mitschwingen auf dem Meer zwischen den Zeilen in unserer Phantasie an Bildern erst entsteht. Das Gedicht zeigt sich erst im Leser!

Berührt es mich oder berührt es mich nicht? Hat der Text für mich Relevanz? Aufrichtigkeit im Ausdruck ist mir persönlich z. B. wichtiger als der Anschein von Authentizität. Wie steht es um die Sprache und Sprachbilder? Die Melodik und Rhythmik? Liest man es laut, spürt man sofort, ob der Text Rhythmusstörungen hat. Und ob diese vom Autor gewollt oder nur Ausdruck eines literarischen Unvermögens sind.

Metaphern, so schön diese im Einzelfall auch sein mögen, bilden nur die äußere Hülle eines Gedichtes. Je komplizierter, schmuckvoller und gewollter sein Äußeres, desto schlimmer ist es oft um sein Inneres bestellt, das sich durch die vom Autor fabrizierten Phantasmen nicht mehr durchzuschlagen vermag.

Trotzdem kann in der Literatur – anders als in der Schule – die vermeintlich schlechte oder vielleicht sogar falsche Sprache genau die richtige und für einen bestimmten Plot die einzig mögliche sein! Für mich heißt das: ein Dichter muss möglichst „ungebildet" oder anders gesagt unvoreingenommen sein und jeden Buchstaben, jedes Wort immer wieder neu erlernen, neu entdecken. Und vielleicht gilt das gelegentlich auch für den Leser …

Lyrik ist immer an eine materielle Form oder Struktur gebunden – denken wir an Buchstaben und Papier, Stein und Meißel in der Antike oder Tastatur und Bildschirm in der heutigen Zeit. Dabei kann sie, ja muss sie über ihre materiellen Grenzen hinauswachsen in ein anderes neues Energiefeld, das wir Poesie nennen.

Lyrik verstehe ich durch ihre Anwendung und damit auch als Synonym für poetisches Denken und poetisches Handeln! Hierin liegt ihre Relevanz, ihr Mehrwert für jeden Einzelnen und für uns alle zusammen: und das ist mehr als nur das Nachplappern in medialen Echoräumen.

Lesen ist also viel mehr als nur nützlich. Lesen ist Achtsamkeit, dem anderen und sich selbst gegenüber, dann macht Lesen glücklich!

Ich wünsche Ihnen viele schöne Momente des inneren Verweilens!

von
ein uhr
bis
drei uhr

von
drei uhr
bis
fünf uhr

von
fünf uhr
bis
sieben uhr

von
sieben uhr
bis
neun uhr

von
neun uhr
bis
elf uhr

von
elf uhr
bis
dreizehn uhr

von
dreizehn uhr
bis
fünfzehn uhr

von
fünfzehn uhr
bis
siebzehn uhr

von
siebzehn uhr
bis
neunzehn uhr

von
neunzehn uhr
bis
einundzwanzig

von
einundzwanzig
bis
dreiundzwanzig

von
dreiundzwanzig
bis
ein uhr

# Die Gedichte

## *Imaginär*

wie es die Ameisen machen
die gehen einfach ihren Weg
egal in welcher Richtung
egal aus welcher Richtung
verfolgen immer nur das eine
und finden sich überall
zu recht, egal was geschieht
egal unter welchen Umständen
bei welchen Schwierigkeiten
oder Rückschlägen auch immer
die gehen einfach ihren Weg

# *Seebrücke*

Sowie ich dich und mich vereint
sehe mit der Heiterkeit des Himmels
und der Gelassenheit des Meeres
mit der Natur des Einen und der
Natur des Anderen, geht mir
das Herz auf, die Weite, diese grenzen
lose Wanderung der Farben
am Horizont, wie das Blau das Blau
berührt, Segelboote wie kleine weiße
Dreiecke in der Nähe die Ferne
kreuzen und ihr Glück machen
junge Zugvögel im Windschatten
wie Drachenschwänze aufgereiht
schon mal Formationen für das
Reisen üben und nimmer satte
Möwen sich einfach treiben lassen

Das Aufatmen an dieser Stelle
das leise Rauschen der See, das
Glätten der Wogen am Strand
das rhythmische Kommen und
Wiederkommen, die Sanftheit des
Wellengangs zu dieser Stunde
die Eintracht mit Gott und der Welt
zu meinen Füßen, die frischen Spuren
in nassen Sand, ich meine deine
und meine – im Zeitraffer
der Vergänglichkeit

## Von Horizont zu Horizont

Immer wieder
Fahrt machen
so kräftig
wie ein
stolzer Mast
immer wieder
auftauchen
wie aus
dem Nichts
als Tiefe
aus der Ferne
immer wieder
aufkreuzen
groß und
größer werden
damit
ganz leise
laut werden
immer mehr
und mehr
bis zum
Gehtnichtmehr
und am Ende
in der Ferne
Tiefen wieder
schwinden –
wie ein Punkt
am Horizont

vielleicht
für immer
vielleicht auf
Wiedersehen.

## *Wenn ich daran denke*

Wenn ich an die Ungleichverteilung,
an die Ungleichbehandlung auf dieser Welt denke,
wenn ich an den großen Überfluss bei uns und
die schier unvorstellbare Armut woanders denke.

Und wenn ich weiter an das denke, was andere
Jüngstes Gericht nennen und mir vorstelle, uns
eines Tages vor einem solchen zu rechtfertigen,
rechtfertigen zu müssen, fällt mir nur ein gutes

Argument dazu ein, nur ein einziges zu unserer
Entlastung, zu unserer Verteidigung: Nämlich der
Nachweis, es wenigstens auch genossen zu haben
und nicht bloß gebraucht bzw. verbraucht

und weiter nichts.

## *Worte finden*

Worte die
nicht brechen können.

Worte die
groß sind, groß genug.

Worte die
alles ändern.

Worte die
schwer wiegen.

Worte die
etwas gelten.

Worte die
zu gebrauchen sind.

Worte die
helfen können.

Worte die
ausreichen.

Worte die
für sich selber sprechen.

Worte die
alles sagen.

Worte die
wie Orte sind – Orte
des Schweigens.

# *Injektion*

Wenn man sieht,
wie sie sich niederlässt,
die festlichen Abendschuhe
wie haltlose Klötze
ihre Fassung verlieren,
der Mantel
wie eine raue Schale
ihren Schultern entgleitet,
der Reißverschluss
ihrer Jeans
wie eine Lust
auf Antwort sich öffnet
und die Nadelspitze
der Phantasie
wie ein Füllfederhalter,
der alles aus sich herausholt,
unter die Haut geht
und sich verwirklicht.

# *Schwebe*

Wenn die
Winde der Gegenliebe
mich reiten
Wenn noch unbeschriebene
Blätter in ein neues
Kapitel der Sehnsucht
Sich träumen
wenn die Zungen
der Leidenschaft
Zwischen dir
und hier
sich breit machen
Wir uns wie
Hälften suchen
finden wiederfinden
Und all das was
uns jetzt noch trennt
in Hingabe
auflösen

## *Kontinuum*

Wenn du glaubst,
alles richtig zu machen
musst du nur lange genug
dabei bleiben, um dann
von einem bestimmten
Punkt an plötzlich
alles falsch zu machen.

Und wenn du glaubst,
alles falsch zu machen,
musst du nur lange genug
daran festhalten, um dann
von einem bestimmten
Punkt an wieder
alles richtig zu machen.

# Sommergewitter

Ein ich und ein du dazu
Leere Stühle – die still
Zurückbleiben und
Ein Ausgang am Ende
Der uns mitten hineinführt

Ein ich und ein du dazu
Eine Jacke meine deine als
Schützenden Schirm unter
Dem sich schweigend
Eins werden lässt

Ein ich und ein du dazu
Das leise Grollen das laute
Krachen auf der einen und
Die Umarmung darunter
Auf der anderen

Ein ich und ein du dazu
Das Flüstern der Haut des
Einen unter die Haut
Des anderen – ohne Wenn
Und ohne Trotzdem

Ein ich und ein du dazu
Ein sehnsüchtiges Dasein
Das vor uns liegt und
Die Tür des Augenblicks
Genau dazwischen

## *Septemberlicht*

wenn Glut die Äpfel
leuchten und die
ersten Blätter
fallen – noch bevor
es Sturm und Zeit
zu werden verspricht

das Blau am Himmel
zu bleiben vergisst
und
die Tage vergehen
als wäre wenn
und als wäre dies
alles

## *Landesverteidigung*

Beginnt bereits
am Gartenzaun
zum Nachbargrundstück

## Glücksversprechen

Glück
wäre schon –
verschont
zu sein.

## *beste Beistand*

der
zu sich selber
steht – wenn
er in sich
geht

## *Danke dir*

Für jeden guten Gedanken
jedes herzliche Willkommen
jede ausgestreckte Hand
jeden sehnsüchtigen Blick
jedes zärtliche Gefühl
jede liebevolle Umarmung
jeden süßen Abschied
und jeden neuen Anfang
damit

## *Solitaire, Solidaire*

Werde mich lieber wieder
v e r e i n s a m e n
zurückziehen zurück-
nehmen – nur noch
ich selbst sein
oder doch wieder
v e r z w e i s a m e n
in ein kleineres oder
größeres Du flüchten
und mit der Zeit
darüber hinweg-
kommen

# *Fernbeziehung*

das Anlegen
der Halskrause
das Überwerfen
des Umhangs
der gemeinsame
Blick
in den Spiegel
das routinemäßige
Fragen nach
meinen Wünschen
das Loslegen
ihrer Hände als
Antwort auf
all meine
Unentschiedenheit
das Anwinkeln
ihrer Weite an
meinem Stillhalten

der lässige
Hauch ihrer Hüfte
in meiner Gegenwart
der leichte
Schwung ihrer
Mitte um mich
und meine Grenzen
die zufällige
Berührung ihres
Körpers an meinem

die plötzliche
Nähe ihrer Ferne
oft das einzige
Gefühl von
Gefühl
alle sechs
bis acht Wochen

# *Suche*

Ich suche
ich suche alles
ich suche alles zu
übersehen
und übersehe
alles

## Gedenktag

Es ist schwer – nach Auschwitz,
nach den Abgründen von Ausschwitz

Noch irgend…etwas zu versuchen
oder unversucht zu lassen

Noch irgend…etwas auszusprechen
oder unausgesprochen zu lassen

Noch irgend…etwas zu fragen
oder zu antworten

Noch irgend…etwas zu suchen
oder zu finden

Noch irgend…etwas zu glauben
oder nicht zu glauben

Noch irgend…etwas zu wissen
oder nicht zu wissen

Noch irgend…etwas zu wagen
oder nicht zu wagen

Noch irgend…etwas zu sein
oder nicht zu sein

# *Schreiben*

Sich äußern
Aus sich herausgehen
Und aus Druck zum
Ausdruck bringen

Schreiben

In Form kommen
Sich finden und alle
Seine Möglichkeiten
Ausschöpfen

Schreiben

Als Versuch
Hoffnung zu machen
Und das Leben damit
In Kraft zu setzen

Schreiben

Was Sein oder
Nichtsein zeichnet
Beziehungsweise
So gezeichnet hat

Schreiben

In sich gehen und
Bergen – was an sich
Verborgen bis hin
Zu geborgen werden

Schreiben

Denn so
wie es in den Dichter hinein-
ruft, schallt es bestimmt
nicht wider

# *Sonnemond und Erde*

Wenn am Anfang
das Wort – das Machtwort
der Big Bang in einer
großen Wolke zu Staub
die energische Trennung
in Licht und Schatten
die endlose Ausweitung
in Zeit und Raum die
unglaubliche Fügung allen
Woher und allen Wohin
die spezifische Stellung
von Sonnemond und Erde
die exakte Ausrichtung
der Neigungswinkel im All
und die Anwesenheit des
Mondes erst dafür
garantiert – dass die Erde
auf ihrer Bahn weder
zu wanken noch zu torkeln
beginnt: Tut zwischen
menschlich betrachtet die
Anziehungskraft der
Liebe und Gegenliebe
genau das Gleiche – wenn
sie sich wie ein zweiter
Mond am Himmel als
großes Du des Einen um
das des Anderen
dreht

## *Transzendenz*

wenn ich
in Gedanken lossegele
und mich ins offene
hinauswage
fühle ich mich
von allem irgendwann
so weit weg

dass ich
dem eigentlichen
schon wieder ganz
nahe komme

# *Urlaubsgruß*

die Frauen auf der Piazza
sind alle so schön und perfekt
mit ihren keck zusammen-
gebundenen oder offenen Haaren

die Kleider so leicht
und ihre Träume so hochfliegend

ihr Sehnen ein Geheimnis
ihr Posieren voll Melancholie
und ihr Lachen gespielt
fast vermessen

während ich dich suche, halte
vor jedem Gesicht, aber in keinem
erkenne oder finde ich
deines

## *Knautschzone*

Wo der Tod
seine Kraft verliert
man zurück ins Leben
rutscht, prallt

wenn auch etwas
de…formiert
oder zerknautscht
wenn ich an die Psyche
denke

vielleicht
schon an jener Stelle
wo man den Mutterleib
verlassen muss

\*

Knautschzone
ist
der
Raum
im
Automobil,
der
bei
einem
Unfall
die
Energie
abfangen
und
die
Insassen
schützen
soll.

## Club der kleinen Dichter

Manchmal!
sagt ein neunjähriges
Mädchen:
Weiß ich gar nicht
ob ich überhaupt
lebe?

Weißt du?
antwortet ihre
Freundin: Wenn du
spürst, dass dir
was wehtut, dann
weißt du –

ob du lebst!

Aus einem Projekt in einer Grundschule

## *Exodus*

Ein verlassenes Haus
kein Tisch und kein Stuhl
kein Wimmern und kein Halten
leere Räume und bloß noch
ein Schatten an der Wand
mein eigener was sonst
ein völlig sinnloses Suchen
und Rufen eines Namens
einer Koseform im schamhaften
Widerhall der Erinnerung
ein echoloses Hiersein
niemand mehr da
einfach fort

## *Herbst II November*

Die Dinge die ich schreibe
fallen wie Blätter vom
Himmel vergilbter Träume
in orange – in rot
und tot

Ich lobe die Zugvögel
zwischen den Zeilen und
fliege mit ihnen dahin
ins Grau – ins Nichts
bloß fort

## Professionell

Nicht einer, der weiß,
wovon er lebt,
sondern viel-
mehr einer,
der weiß, wofür
er lebt.

## Kurs in Wundern

Einfach leben
Und atmen
Und wandeln
Und staunen
Und fragen
Und denken
Und fühlen
Und glauben
Und hoffen
Und träumen
Und wagen

Richtig?

## *Logische Folge*

Immer wieder
Aus sich herausgehen
Zwischendurch einkehren
Zu sich kommen
Und ganz gleich wo
Zuhause sein

## Innere Leere

vielleicht ist es gut so
dann hat man endlich einen Raum
den man füllen

wieder neu füllen kann

einen Raum, durch den man
empfangen und auf sich wirken
lassen kann

## Wortgewalt

Am
Anfang
war
das
Wort
der
Versuch
ganz
heitlich
zu
denken
und
am
Ende
das
irre
versible
Gefühl
die
Zeit
das
Licht
und
Sich
selbst
damit
nur
immer
weiter
zu
entfernen

## Uns angetan

Denn mit
Wortgewalt ist auch
Gewalt

Für diejenigen –
die meistens das Wort ergreifen
und für alles schon einen Namen haben
Für diejenigen –
die alles was sie umtreibt
immer gleich aussprechen müssen
Für diejenigen –
die über alles reden
ohne dass ihnen die Sprache
verschlägt
Also für diejenigen -
die meistens genauso sind
wie ich

# Zugehört

| | | |
|---|---|---|
| Hmm! | Hmmm? | Hmhm! |
| Hmmm! | Hmm! | Hm! |
| Hmhm! | Hmm! | So? |
| Hmhm! | Hmhm! | Hmm! |
| Hmhm! | Hmhm! | Hmhm! |
| Ach! | Hmhm! | Hmm! |
| Hmm! | Hm! | Okay! |
| Hmm! | Hmm! | Hm! |
| Hmhm! | Hmmm! | Hmm! |
| Nee!? | Hmm? | Ich auch! |
| Hmhm! | Hmm! | Bis dann! |
| Hmhmm! | Hmm! | |
| Hmm! | Hmhm! | |

## Bin

lautet
sein kürzestes Gedicht
das kürzeste der Welt

über die reale Existenz
eines menschlichen
Individuums

bin
ohne Gänsefüßchen
ohne Frage und
Ausrufungszeichen

im Grunde auch
ohne Gedankenstrich
und ohne Punkt
und Komma

## *Leben*

wie ein Fisch im Wasser
oder noch besser – wie ein Vogel
zwischen Himmel und Erde
träumen sich in der Luft halten
einfach treiben lassen
solange es geht

## *grundlos*

als flöhe
als schwärmte ich
von irgendwo
nach nirgendwo
aber niemals
ans Ziel

## Nach Herzenslust

zerredet
zerfreundet – zerliebt
zwischen deinen
und meinen
Göttern
verkämpft
im Voraus
schon
alles
von allem
getrennt
verstört
auseinander
gesetzt
entfernt
wie es weiter
nicht geht

und erst dadurch
wieder näher
gebracht

# *Entlastung*

Ein Stück
von sich abgeben
aufgeben und
sich beziehen

auf eine andere
höhere und
gnädigere
Instanz

## Rezept für Kreativität

Manchmal

wurde er als Dichter

gefragt, ob er nicht wüsste

wie man kreativ würde?

Er riet dann: Am besten

bestellst du dir einen

großen Container und

räumst dein ganzes Zimmer

alles was liegengeblieben

und angestaubt ist

aus… weg, weg, weg damit

machst es – machst dich

völlig leer, dann

wirst du kreativ

## *Was soll ich sagen*

Mal bin ich ganz still
Wage nicht etwas zu sagen
Keine Traute

Dann wieder rede ich
Erzähl ganz viel – zu viel
Dünnschiss und Papperlapapp

Oder ich philosophiere
Und staune über mich selbst
Was ich zu sagen habe

Zu sagen hätte…
Wenn ich mich traute
Aber ich trau mich ja nicht

Und dann wieder ärgere
Schäme ich mich in Grund
und Boden Feigheit Freiheit

Und wenn auch diese Phase
Vorbei und überstanden
Puh – bin ich froh

Dass ich nichts gesagt habe
Und schweige erleichtert
Bis zum nächsten

Mal

## *Herbst Zeit Los*

Die
Straßen fahl und nass
oder fast schon verprasst
mal live gewesen bunt
Cello? Nein!
Fagott das einzige
Instrument das passt
wenn alle Träume sich
stumm verlieren

Ach eigentlich –
überhaupt kein Ziel nix
kein goldenes Meer
längst fort

## Entblättert

I love you
I love yo
I love y
I love
I lov
I lo
I l
I

Alles
beginnt damit
dass wir
Ich
sagen
alles
was danach
kommt
ist
Illusion

## Sehnsucht

Als herbstbuntes Gefühl
als nichtsahnendes Verstehen
als innerste Kraft

als Spiegel in einem Spiegel
der dich immerzu
schauen mag

mich zu dir hinzieht
mich von dir fortschleudert
und dir grad dadurch

immer näher
kommt

## *Paradox*

die Absicht
absichtslos
zu sein

## *Friendly Fire*

Wenn man sich streitet
falsch versteht
und trotzdem die Verantwortung
übernimmt

nicht nur für das, was man
beabsichtigt
sondern auch für das, was man
bewirkt hat

## Toleranz
### Oder Freiraum an Zuwendung

Wenn die Bande zwischen uns
etwas lockerer wären
hätten wir viel mehr Spiel
wieder zueinander
zu finden

## Ein Engel

Wenn du selbst
scheinbar beiläufige Dinge
im Leben würdigst –
stille Gesten verlorene Blicke
innere Landschaften
Momente voller Zartheit
dir Zeit nimmst
und sie auf dich wirken lässt
jenseits aller Logik
allen Welt Getöses genau
betrachtest wahrnimmst
vom kleinsten bis zum größten
gelten lässt

Alle und alles
in deinem Herzen aufnimmst
und direkt an das meine
weiterleitest

## Thriller

Dunkler
Mond
Wohnt
Nacht
Fallen
Klar
Hauch
Strauch
Mutter
Schrei
Wild
Tod
Labyrinth
Pfahl
Stahl
Tal
Luft
Schloss
Docht
Feuer
Ruf

Glas
Klirren
Tür
Schritt
Knauf
Schlucken
Atem
Stille
Krachen
Wasser
Felsen
Gründe
Flucht
Gedanken
Los
Lose
Schatten
Spiegel
Kopf
Trachten
Ende

## *Septembertraum*

Wenn das Werk getan
die größten Ängste besiegt
die Früchte gelobt
die Himmel sich neigen

eilig
und eilig dem Ziel meiner
Sehnsucht entgegen

und am Ende des Weges
eine zarte Umarmung
und ein Lächeln wie deines
auf mich wartet

### *heilige nacht*

im stillen
erst
ganz im stillen
werde es
licht
um dich

denn
im stillen sein
heißt immer
auch
im lichten
sein

## *Weitergehen*
## *Immer weitergehen*

Wenn du wissen willst
wohin dieser oder andere Weg führt

Wenn du wissen willst
wie du deine Sorgen und Nöte überwinden

Wenn du wissen willst
wie du mit all dem Negativen zurechtkommen

Wenn du wissen willst
wie du unerreichbare Ziele erreichen kannst

Wenn du wissen willst
was dein Karma Schicksal oder Gott

dir damit sagen will

## *Jetlag*

Wenn
man
das
Alter
des
Universums
auf
einen
Tag
zurück
bemessen
würde,
hätte
der
Mensch –
hätten
wir
als
Menschheit
insgesamt
darin
gerade
mal
drei
Sekunden

## Ankunft

Da
hab ich dieses Lied
gehört
das Mutter mir
als ich noch ganz klein
mal am Bett
gesungen
und mich erst jetzt –
lange
nach ihrem Tod
erreicht

## Regentropfen Prélude

Wovon
ich träume

wenn es
auf einmal still
wird –
und nur noch
der Regen
in zarten Fäden
beredsam
vom Himmel
erzählt

außer sich
in sich
und sonst
nichts

als würde
sich mit ihm
ein ganzes Meer
aus rauen
Träumen
auftun und
gleich wieder
glätten

# Glaubensbekenntnis

Ich glaube an Jesus Christus –
aber ich glaube nicht an die Kirche
weder an die Eine noch an die Andere

Ich glaube, dass die Taufe eines jeden
Menschenkindes wichtig ist, damit es vor Gott
und von Gott gerufen werden kann

Ich glaube, dass Jesus ganz persönlich
auch für mich und meine Sünden
am Kreuz gestorben ist

Ich glaube, dass ich Dank seines Opfers
frei bin – und gerade deshalb für alles,
was ich tue, verantwortlich

Ich glaube, dass ich eines Tages sterben
muss, auch wenn ich mir den eigenen
Tod nicht vorstellen kann

Ich glaube an das Tor der Barmherzigkeit
aber nicht an das Tor der Gerechtigkeit,
denn das wäre die Hölle

Ich glaube an die schöpferische Energie
in uns, die es von Gott zu empfangen
und weiterzugeben gilt

## Abgenutzt

Wir sitzen nebeneinander
jeder in seiner eigenen
Befürchtung von Glück
hoffen und schweigen
zweckdienliches
du redest – ich höre
und warte oder umgekehrt
ich rede und du wartest
schaust auf die Uhr
wir berühren
uns nicht

## *Ehekrise*

Wir haben noch nie gestritten
sagt das junge Paar
traurig

als müssten sie jetzt erst üben
sich mit dem anderen auseinander
und wieder zusammen
zu setzen

## Anatomie

Wörter
sind wie lebendige Körper
mit Haut und Knochen
Organe, die funktionieren
Hand und Fuß haben
sich überall hinbewegen
Ohren und Augen
besitzen

die alles aufnehmen
Bilder, Gedanken, Träume
für uns manifestieren
atemlos zirkulieren und erst
im Gebrauch an Wahrheit
gewinnen oder
verlieren

## *Killerspiel*

Damit dem Kind nichts zustößt
wollten die Eltern nicht –
dass es auf der Straße sondern
lieber am Computer
spielt

## *Amoklauf*

Nach dem Massaker in der Schule
erschoss er einen Fußgänger,
und entführte ein Auto

Der sechzehnjährige Täter
ist in seiner gesamten Schulzeit
niemals auffällig gewesen,
sagten die Lehrer und Mitschüler

Kein Wunder, dass er sich
irgendwann von niemandem mehr
wahrgenommen fühlte

# Bildungskatastrophe

Anhebung des allgemeinen
Bildungsniveaus
bitte warten
Förderung der
Persönlichkeitsentwicklung
bitte warten
bitte warten
Überwindung der Defizite
durch Einzelförderung
bitte warten
bitte warten
bitte warten
Mindeststandards von
Kulturtechniken
bitte warten
bitte warten
bitte warten
bitte warten
Einbeziehung der
beteiligten Lehrer, Eltern
und Schüler
bitte warten
bitte warten
bitte warten
bitte warten
bitte warten
Zusammenführung des
Kognitiven, Emotionalen
und Sozialen
bitte warten

bitte warten
bitte warten
bitte warten
bitte warten
bitte warten
Mehr Chancengleichheit
und Bildungsgerechtigkeit
bitte warten
bitte warten
bitte warten
bitte warten
bitte warten
bitte warten
bitte warten
Abbau sozialer und
milieubedingter Schranken
bitte warten
bitte warten
bitte warten
bitte warten
bitte warten
bitte warten
bitte warten
bitte warten
Die
Kultusministerkonferenz
tagt
Seit mehr als 30 Jahre: bitte
warten

## Nahtstelle

Das Gefühl, dass
alles
von vorn herein
sinnlos sein
könnte

Und dann
hofft man es doch
träumt man es
doch
versucht man es
doch

da bin ich

## Geschenk des Lebens

Päckchen tragen
auch wenn's schwer wird
annehmen, aufmachen
und erwartungsvoll hinein
schauen, was man davon hat
beziehungsweise haben
könnte

## Zu schön

Wenn du kommst
und da bist, da bleibst
mit Herz und Haar
dich sogar in
ein Zusammen
wagst

unschlagbare Blicke
Gesten, Träume
schmiedest
bevor du wieder
gehst

du musst frei sein
und ich
ja, ich auch

## Entäußert

sich
nicht erregen
oder schon wieder
behaupten müssen
keine Antworten
und keine Fragen mehr
nicht mal gut gemeinte
sich nicht verstehen
oder ergründen müssen
einfach nur still sein
ganz gleich wodurch
und an welcher
Stelle

## Melancholie

Immer wenn
mich diese innere Stille
überfällt
gefangen hält
und ganz besonders
dann
wenn sie
mich wieder loslässt
und ich mich
nach ihr zurück
sehne

als wollte ich
in ihre Hände hinein
und
aus ihren Händen
heraus

in einen tiefen Schlaf
sinken

## *Gesetz des Magnetismus*

Als wenn das meiste von mir
schon da war, bevor es mich gab
und jedes Einzelstück
jedes Bruchstück meines Daseins
in dieselbe Richtung zeigt

im Labyrinth meines dauernden
vorwärts und rückwärts
ein tüchtiges Voranschreiten
das immer weitergeht

wo bin ich

## Zusammen

nur
wenn
du
deinen
Weg
gehst –
kann
ich
auch
meinen
Weg
gehen

## Die Sprache

als Haus des Daseins –
als Schutzwall und Burg, hinter der
man sich verstecken kann

als Speisekammer
und Speicher für das Morgen, das
den Sinn der Dinge nähren kann

als Waffenlager
mit dem man sich verteidigen und
andere vernichten kann

und manchmal als Gefängnis
als bequemen Käfig, in welchen man
eingekerkert sein kann

ohne es zu merken

## *Unerwartet*

stehe ich, als wollte ich reisen
im Bahnhof meiner Träume

der Schaffner
hält die Signalpfeife
bereits fest in der Hand
er schaut, greift tief
in mein Herz
und wird nicht länger zögern
die Züge
einen nach dem anderen
zur Abfahrt zu zwingen

wenn ich bloß
wüsste

## *Jugend*

dieses unbegrenzte
Schauen
dieses blinde
Hoffen
dieses alles ermöglichen
in aufsteigenden
Träumen
dieses unvergleichliche
Gefühl
nicht nur ein Teil
von sich
sondern das ganze
zu wagen

## *Enden*

wie ein buntes Sand
Mandala
wenn der Palast
der Weisheit
fertig ist
sofort zusammen
gefegt
und dem Fluss
des ewigen
Lebens
zurückgegeben
wird

# *Sternzeit*

das Universum
wie es sich ausdehnt
die Schöpfung
wie sie voranschreitet

eine Million
oder eine Milliarde Jahre

bis zu diesem
scheinbar zufälligen
Geschöpf namens Mensch
namens ich

irgendwo da draußen
irgendwo hier drinnen
doch

in jeder Verbindung
was anderes und in allen
Verbindungen das gleiche
bedeutet

## Spirituell

Dem
der du früher am liebsten
gewesen wärst
viel Licht und Wärme
schicken –
dann könnte es
selbst rückwirkend
noch geheilt
werden

# *Gipfel der Weisheit*

ein Mann mit Anzug in einem Mercedes
der alles im Griff hat, er steuert gewiss
ein erfolgreiches Unternehmen

eine hübsche Frau, die allein im Café sitzt
als wartete sie dort auf ihr Glück
und eifrig in ihr Handy tippt

eine Mutter mit ihrem Sohn
der widerwillig vor ihr, neben ihr herläuft
und sich trotzdem geborgen fühlt

ein alter schrulliger Mann
der nicht besonders nett zu sein scheint
und fast trutzig einen Rollator schiebt

und schließlich

Kinder auf der Straße, die um die Wette
rennen – träumen, als wüssten oder
ahnten sie bereits

das traumhafte Ziel
den eingeschlagenen Weg
die ungenutzten Möglichkeiten

der Schmerz ist
groß

## Ins Blaue

Schau
zwei Vögel am Himmel
die einträchtig dahinfliegen
wie in einem Bild von gleich
zu gleich
immer wieder aufsteigen
tanzend beieinander bleiben
und mutig ihre Bahnen
ziehen

vielleicht ein Pärchen
von Amseln oder Lerchen
warum nicht wir

## In sich tragendes Geheimnis

In dem Moment
wo man es ausspricht
In dem Moment
wo man es weitersagt
In dem Moment
wo man es erklärt
In dem Moment
wo man es beschwört
In dem Moment
wo man es verteidigt
In dem Moment
wo man es braucht

Spätestens
aber in dem Moment
wo man es festzuhalten sucht
ist es damit aus und
vorbei

## Vom Strand

wo ich ans Meer mein
Herz verliere

wo die Sonne am Himmel
in Gold zurückschaut

wo der Horizont mir
Zeit gibt, alle Zeit der Welt

und der Wind alle
Gedanken an morgen

forttreibt

## *Bahnsteigkante*

du fährst
und ich hoffe
fürchte jedes Mal

den Augenblick, der
mich zurücklässt
beiseite

wie gesagt
ich hoffe und
fürchte jedes Mal

den Engel zwischen
uns, der da lächelt
mit ernstem

Gesicht

## *Abschied II*

Jedes Mal wenn du gehst,
reißt du eine Lücke
und wenn du wiederkommst,
füllst du sie

immer ein bisschen
anders

## *Rückblicke*

spiegeln
vor allem die Zeit
aus der
geschaut wird
und weniger die Zeit,
in die
geschaut wird

## Zugangscode

Bei aller Liebe
möchte ich nicht immer
davon abhängig sein
ob ich gerade die richtigen
Worte oder Zeichen
verwende

# *Zivilcourage*

Mal nicht wie ein Löwe
mit anderen Löwen um die Vorherrschaft kämpfen

Mal nicht wie ein Schachspieler im Kampf der Interessen
in neunmalklugen Zügen strategisch vorausdenken

Mal nicht jedes Wort, bevor man es ausspricht
ängstlich vor und zurückwiegen

Mal nicht nach den Schwächen des anderen suchen
um die eigene Stärke demonstrieren zu können

Mal nicht vor der Wahrheit des anderen zurückweichen
um den eigenen Irrtum nicht erkennen zu müssen

# In der Passage

Ein Mann um die Fünfzig
tritt aus dem Gewirr der Fußgänger
und geht auf eine Glastür zu:
seien sie versichert, steht darauf
bei uns sind sie richtig

Er trägt antiquierte Schuhe
und eine alte ausgeblichene Hose
die Haare nach hinten gekämmt
als wollte er sauber und ordentlich
erscheinen

Er hält ein Papier in der Hand
vielleicht eine Einladung
und wird immer langsamer
unsicherer

Er zögert

# *Stigma*
## *Oder die Macht der Benennung*

schimpfst
du dich arbeitslos
dann denkst und handelst du
auch wie ein Arbeitsloser

schimpfst
du dich alleinstehend
dann denkst und handelst du
auch wie ein Alleinstehender

schimpfst
du dich heimatlos
dann denkst und handelst du
auch wie ein Heimatloser

schimpfst
du dich behindert
dann denkst und handelst du
auch wie ein Behinderter

schimpfst
du dich ausgegrenzt
dann denkst und handelst du
auch wie ein Ausgegrenzter

schimpfst
du dich verfemt
dann denkst und handelt du
auch wie ein Verfemter

am besten unterschreibst du
keines der vorgelegten
Formulare

107

## Die den Himmel begehren

So viele Dinge wie möglich
zusammendenken

und in
dem Schicksal des anderen
das eigene erkennen
wo alles nur Teil und deshalb
eins ist

## Lebenszeit

Wie von einer mächtigen Spule
spult sie sich ab, Umdrehung
für Umdrehung

am Anfang nur langsam
bald etwas zügiger und dann
immer schneller

manchmal verwickelt und
verheddert sie sich

ich muss
mich ranhalten

# Überfluss

Wäre ich doch einfach
nur ein Kelch oder eine Schale
die nach oben hin offen ist
dem Himmel und der Zukunft
zugewandt, die im Werden
begriffen ist

Wäre ich doch einfach
nur ein Kelch oder eine Schale
die sich – wie von selbst füllt
im Zeitraffer einer frohen
Botschaft, die alles gut
werden lässt

Wäre ich doch einfach
nur ein Kelch oder eine Schale
die aus der Fülle des Eigenen
schöpft und das, was davon
überfließt, an andere
weitergibt

# *Nachtgewitter*

Schreie auf Papier
die mich nach innen werfen
wohin auch sonst

eine kampflose Stille
die mich in tiefes Schweigen
bannt

eine dunkle Vorahnung
die sofort in Erfüllung geht

Schatten an der Wand
die mich immerzu an dich
an uns erinnern

und im Traum danach
ein stummer Trauermarsch
der kaum vorankommt

wozu auch

## Das Leben

Es mag sich oft unzulänglich
und unvollkommen anfühlen
manchmal hoffnungslos
und ausweglos erscheinen
vielleicht sogar gescheitert
und umsonst gewesen sein

und doch treibt es auf einmal
die schönsten Blüten

## Moderne Zeiten

Man kann sich auf nichts
mehr verlassen

Nicht mal auf
die eigenen Vorurteile

## Anderer Modus

Auf der Straße
das Klappen einer Autotür
und ein noch unbefreites Lachen

Spazierengehende Stille

zu den Bäumen, deren Gipfel sich wiegen
als gestikulierten, ja, wüssten sie
bereits

Spazierengehende Stille

lange Schatten, die an Schuhen kleben
und verloren geglaubte Träume
nachzeichnen

Spazierengehende Stille

und eine ausgestreckte Hand
deine – vielleicht nicht hier
aber woanders

## Von Wegen

er überlegt und plant
lange im Voraus
sie überhaupt nicht

sie betet dafür

er schafft sich
seine eigene Welt
sie überhaupt nicht

sie betet dafür

er zweifelt an dem
was er geschaffen hat
sie überhaupt nicht

sie betet dafür

er zertrümmert
was er geschaffen hat
sie überhaupt nicht

sie betet dafür

und dann fängt er
wieder ganz von vorne an
sie überhaupt nicht

sie betet dafür

# Rügen

*Keine Insel sondern ein Kontinent*

Wo das Grün der Bäume im Spalier zusammensteht
tausend Schatten übers Licht die Hoheit haben und
wie kilometerlange Tempel des Schweigens
der Sehnsucht die Durchfahrt gewähren

Wo ausgedehnte Kornfelder hoch und höher leben
und das wilde Blond von Spreu und Weizen so stark
einleuchtet, dass klar wird, warum der Dichter
Stroh zu Gold spinnen lässt

Wo die Silhouetten der Seebrücken in den Abend-
himmel wachsen, immer nur Vor und kein Zurück
kennen und bei jedem Halt zum Schauplatz
für die Aussicht auf Einsicht werden

Wo Steinstrände sich lang machen, raue Steilküsten
dem Wald die letzte Grenze setzen, Kreidefelsen
wie übermächtige Zacken einer Krone in Weiß
licht werden und sich ins Meer stürzen

Wo das Gegenteil als Gegenstück zu Hause ist
das Gegenstück zu Wind und Meer, zu Realität und
Phantasie, zu Wirklichkeit und Imagination
zu deinerseits und meinerseits

## *Worteverhaftet*

Berührt es mich
Oder berührt es mich nicht

Hat die Berührung eine Ästhetik
Ist es Kunst

Hat die Berührung einen Raum
Ist es Architektur

Hat die Berührung einen Klang
Ist es Musik

Hat die Berührung eine Sprache
Ist es Poesie

Hat die Berührung einen Sinn
Ist es das, was ich

Liebe nenne

*Meinem Vater*

## Umschwiegen

Nie wieder
warst du mir so nahe
als du im Zimmer nebenan
Klavier gespielt hast

Mozarts
kleine Nachtmusik
Chopin
oder die Unvollendete
von Schubert

auch wenn du dann
ein anderer warst
gerade weil du dann
ein anderer
warst

an diesem großen
schwarzen Flügel
mit dem du dich abends
aufgeschwungen
und in die fernste Ferne
zu entfliehen
ruhtest

als fühltest du dich
nirgendwo so verkehrt
wie im richtigen
Leben

# *Dem Eigentlichen*

Manchmal muss man auf Distanz
gehen und sich entfernen
denn je weiter man sich entfernt
umso näher kommt man ihm
vielleicht wieder

# Wunder der Wandlung

solange jede Masche
im Netzwerk der Natur
perfekt
verflochten ist

jeder Einzelne von uns
jedes Ich – jedes Dasein
so unwiederholbar
es vorkommt
in ein und demselben
Streben
voranschreitet

und jedes Element
jedes Atom
einen unsichtbaren
Radius
eine geheimnisvolle
Fülle hat, die durchs ganze
Universum reicht

was für ein
Gewinn
und was für ein
Verlust

## *Gewagt*

nur ein Kämpfer weiß,
wie man sich in der Arena fühlt
sagte der Anwalt
wenn er wiedermal für eine
schwierige Sache
stritt

# *Wahrheitsfindung*

wie beim Schälen einer
Zwiebel
Schale um Schale nur wenig
übrigbleibt
wenn ich sie bis zum
Kern enthäute

# *Dilettantisch*

Worte
die eigentlich nicht passen
und genau deshalb
gut sind

Worte
die nur schlecht ausdrücken
und genau deshalb
den Kern der Sache treffen

Worte
die keinen Sinn machen
und genau deshalb Raum
für Zufälliges lassen

Worte
die vielleicht fragwürdig sind
und genau deshalb neu
zu denken geben

Worte
die sich nicht einordnen lassen
und genau deshalb
den entscheidenden Anstoß

ermöglichen

## Identisch

Hier darf ich sein
hier wird nichts gegen mich verwendet
hier kann ich jederzeit herkommen
und wieder fortgehen

Hinaus über die Berge und Täler
durch die Wüsten und Meere
meiner Logik

Als wäre ich und mein Sehnen eins
mit dem frischen Gras
in der Steppe und dem Zebra
das es frisst

## *Verkannt*

dieser Tropfen
der eine komplette
Welt enthält, verliert
dieser Tropfen
der wie Milliarden
anderer
direkt vom Himmel
fällt, eintaucht
untergeht
vielleicht die Botschaft
auf die ich warte
hoffe

vielleicht
das kleine Quantum
Quäntchen
das alles ändert
umkehrt

und
das zerschwiegene
schon lange
untergegangene
Meer in mir
noch einmal träumen
ja, vielleicht sogar
branden lässt

gibt es irgendwo
ein schmerzloseres
Verweilen

## Zersprungen

Wenn du
weg bist, fort
schweige ich
am liebsten
unangetastet
herrenlos
wie ein liegen
gelassenes
Buch, das
im Zeitraffer
vor und zurück
hastender
Gedanken
spiele
eine Seite nach
der anderen
verliert

# Geflohen

nach innen gekehrt
und auf einmal gesehen
oder gehört
was du noch nie
für wahr genommen
hast

das Ächzen der Welt
da draußen, da drinnen

wie es anschwillt
fürchterlich laut wird
und dann abebbt
zurückbleibt

auf dem Weg, den du
voranschreitest

dahin

## Ausgehaucht

wenn der Ozean deiner Erinnerung
sich wieder schließt
und dort, wo vorher alles war
auf einmal nichts mehr ist
für das es Worte
gibt

ganz gleich in welcher Sprache

sondern nur noch dürre Rituale
hilflose Schreie und
vielleicht ein tiefes gnädiges
Schweigen, mit dem es zurückgeht
in die Mutterschöße
Gottes

## *Regenpause*

Junge, so kannst du doch nicht rausgehen
sagte sie immer, wenn ich wiedermal
falsch gekleidet war

Sie stand dann oft am Fenster, schaute
und winkte mir nach, zuletzt mit traurigen
abschiedsvollen Augen

Noch immer laufe, jogge ich
Winter wie Sommer durch den Stadtteil
in dem wir früher gelebt haben

Wenn ich meine Runden drehe
und der Regen plötzlich aufhört, spüre ich
dass sie noch immer da ist

Als ob sie, so fühlt es sich jedenfalls an
noch immer ihre Hand über mich
halten würde

# *Hineingeworfen*

In einen Tanz voller Hoffnung
in eine Flucht, die nach vorne geht
in ein Licht, das keinen Schatten kennt
in eine Stille, die mich mitnimmt
und gleichzeitig zurücklässt

es ist Frühling

# *Anleihe*

Die Sprache

die ich fand
war nicht meine eigene
sondern welche du mir erst
geschenkt hast

eine Sprache
die den Lauf der Dinge
entscheidend beeinflussen
und prägen sollte

eine Sprache
die mich der Welt auslieferte
und mich zugleich vor ihr
bewahrte

eine Sprache
durch die ich wahrnehmen
und vor allem auch vergessen
konnte

eine Sprache
die mich in dem Einen alles
begreifen und in dem Anderen
alles entgleiten ließ

## Ausflug

Ich spürte die Angst
diese Ur…, die einfach da ist
nur weil man lebt

dazu die übliche
Verzagtheit und die vielen
ungelösten Fragen

dann sah ich die Enten
in diesem von alten Weiden
umstandenen Teich

und
wie emsig die Eine
über das ruhende Gewässer
zu den anderen strebte

auch eine Existenz
erkannte ich und vielleicht sogar
eine genauso erhabene

# Ich staune

über die Sterne am Himmel und
den Urknall der all diese hervorgebracht hat
auch wenn er im Vakuum des Weltraums
vermutlich lautlos war

staune

über den weiten fast sehnsüchtigen Horizont
in meinem Herzen, dessen unerwartete Offenheit
die Dinge diesseits und noch mehr jenseits
der Welt aufschimmern lässt

staune

über das Meer, über die Blumen im Frühjahr
die Mittagsstille im Sommer und über den eigenen
Korpus, die eigene Schale, die die Evolution
so wunderbar geschaffen hat

staune

über die Erfindung der Sprache, aller Sprachen
als schüchternen Versuch das Unsagbare sagbar
zu machen: über mein plötzliches Verstehen
und zugleich Missverstehen

→

staune

über das Glück der Freiheit, die einfach da ist
trotz aller Angst nicht immer nur Nein sondern
manchmal auch Ja zu sagen, ein großes Ja
warum nicht

doch am meisten staune ich

wie du mich jeden Tag willkommen heißt
und mich immer noch aushältst, so wie ich bin
mit meiner Ungeduld, meiner Unachtsamkeit
und meinen ewigen Klagen

staune immer
wieder

# *Blitzlichterinnerung*

Auf einmal ist sie da
die alte Zeit, nach der du
suchtest

kein Hindernis
und kein vergebliches
Fragen

nur wieder Kind sein
vielleicht
genau wie dieser
Junge

der mit seinem
Modellauto wagemutig
auf der Straße spielt

ihm nachjagt
es zurückholt
und erneut
in Gang setzt
als wäre dies
das Leben

ist es ja auch

## Beten

wie bei einem Kind
das unbekümmert auf eine
Gute-Nacht-Geschichte wartet

oder

bei einem Jugendlichen
der davon träumt, was er später
am liebsten machen würde

oder

bei einem Mann mitten im Leben
der zielstrebig eine Aufgabe
nach der anderen meistert

oder

bei einer Frau über fünfzig
die im Jobcenter darauf wartet
aufgerufen zu werden

oder

bei einem Menschen, der plötzlich
alleinsteht und niemanden hat
dem er sich mitteilen kann

$\rightarrow$

und schließlich

bei einem selbst in der Stunde
wo man nichts mehr tun, sondern
nur noch hoffen kann

einen gnädigen Ausgang
zu finden

## Unsterblich

dieser Fels

und die Brandung
die alle
deine Geheimnisse
hütet

dich festhält, dich loslässt
dich noch mehr
festhält
und noch mehr
loslässt

ins Vage, ins Bodenlose
ins Nichts

und grad dadurch
das schönste
aller Versprechen
hält

du wirst sehen

## *Posthum*

Den Mond
und die Erde küssen
Licht ins Dunkel bringen
sich vergewissern
vortasten

immer weiter gehen
warum nicht
wiederkommen
wehrlos zeigen

vielleicht
zu einem ruhenden
See werden – der sich
aufraut

von Zeit zu Zeit

um danach
bis auf den Anfang
wieder zurück
zu sinken

# *Internet*

bloß nicht
die Zeit der stillen Gebete
und frommen Wünsche
ist vorbei

es herrschen die Tyrannen
der Wahlfreiheit
du sollst dich ständig
entscheiden
mit echten oder falschen
Versprechungen herum
schlagen

im ängstlichen Wettstreit
der Menschenflüsterer
im medialen
psychogenen Kosmos
eines bunten Geplappers
das andere vorgeben

Nachrichtenredaktionen
Werbeagenturen
Talkshows

sie überragen alles
sogar unsere Götter
sie sind unsere Götter

und wir glauben
nur weil sie authentisch
wären sie auch wahr
sind sie aber nicht

bald wird alles so sein
wie von Superalgorithmen
und Marketingexperten
propagiert

trotzdem
du wirst es schaffen
wir werden es schaffen
irgendwie

# ZEN

fliegen
und doch nicht fliegen
übers Meer der Emotionen
gedankenlos fallen wie ein Stein
nach unten sinken
und aufsteigen wie ein Vogel
mit weiten Schwingen zum Himmel
hinausstürzen ins freie
ins offene

fort von
diesem ewigen Sprachgewirr
des Zwischenmenschen
fort von den Gesetzmäßigkeiten
des eigenen Lebens
und seinem dauernden Ringen
um Geltung oder Durchsetzung
alle sind falsch
und alle sind richtig

die Zeit
und sich selbst geschehen lassen
ganz gleich was ist
ganz gleich was kommt
zwecklose Dinge tun
zum Beispiel grundlos Steine
den Berg hinauf tragen
oder stundenlang vor einem Baum
sitzen und einfach nur
da sein

## *unpassend*

entgegen aller
ermittelten Daten
und aller
statistischen
Wahrscheinlichkeit
pochte er weiter
darauf
als einzelner
für wahr gehalten
zu werden

## *begnadet*

nicht weil wir
besonders fleißig
schön oder klug
wären

sondern nur
weil wir
die Empfänger
Überbringer
einer Botschaft

die uns zuteil
wurde

## Metapher fürs Glück

Trotzdem
er sich in allem
richtig verhalten hatte
war er am Bahnhof
dann leider
in den falschen Zug
gestiegen
und oh Wunder
vielleicht nur deshalb
am richtigen Ort
angekommen

## *Introvertiert*

wenn die Zeit plötzlich
stehen bleibt
das Getöse des Alltags
unterbrochen wird

kein Anruf, keine SMS, keine
Nachricht
kein erzwungenes Wort
nicht mal
ein Gedanke an
morgen

nur ungesagtes
unbedachtes, ungeträumtes
der Freiraum
durch den du fliehen
kannst

vielleicht
kehrst du zurück
wie die Vögel: nur dahin
wohin du niemals
wolltest

## *Zerlegt*

Eine Beziehung
die sich selbst hinterfragt
durchkreuzt
und mit ihren Widersprüchen

erst Sinn schafft

verborgene Strukturen, Muster
offenlegt und die eigene
Instabilität, Verletzlichkeit

sichtbar macht

ich glaube – darum kann ich
nur Menschen lieben
die einen Makel haben

Gott sei dank

## *Exit*

als wenn alles
was uns ausmacht
annulliert würde
jeder Gedanke an morgen
zum Ursprung zurück
stürzte

der Spiegel der Erinnerung
auf einmal einen Sprung, ach was
tausend Sprünge kriegte

und
die Seele des ganzen
wie ein großes unbekanntes
Tier – an uns vorbei
strebte

wo glaubst du, hoffst du
werden wir
uns wiederfinden

## *Download*

durch die Gesetze der Natur
das Spiel der Evolution
von den ersten Aminosäuren
über die Artenvielfalt
bis zu uns

durch den Gedanken
der in zahllosen Schritten
vorgedacht

durch das Gefühl
das in zahllosen Schritten
vorgefühlt

durch den Traum
der in zahllosen Schritten
vorgeträumt

durch das Bild
das in zahllosen Schritten
vorgezeichnet

durch die Sprache
die in zahllosen Schritten
vorgesprochen

und schließlich
durch etwas, das vorher
noch nicht da war

und das bist du
das bin ich

## Gerettet

damit
der Wind und das Meer
der Fluss und das Tal
der Wald und das Gras
von uns erzählen, träumen
können

in ganz eigenen
Häusern der Erinnerung
die schon lange hier waren
bevor es uns gab

wohin wir auch gehen
wir bringen unsere Bilder
schon mit

## *Ausgeschieden*

wenn die Aufgabe, an die
ich mich verloren habe
vorbei ist, erledigt

sich kein neues Suchen
oder Finden
an mein Herz legt

ich denke dann an morgen
und frage mich

warum
keine der Lektionen
die ich
so mühsam gelernt habe
in Zukunft
noch gebraucht
wird

## Nachtexpress

ein
aufgeschlagenes Buch
Gefühle die
nicht ruhen wollen
können
Bilder von
nie dagewesenen
hier gewesenen
Stationen
der eigenen
Flucht
inwendiges Eilen
Weilen
ein leises
Lächeln
ein Sternenfunkeln
am Firmament
der Anfang
eines Gebetes
nur ein Wort
eine Zeile
der Gedanke
an dich
und alles
ist gut

## Happy End

wenn der Kelch
die Schale der Liebe
sich füllt
bis sie überströmt
überfließt

überflüssig
wird

## *vogel flieg*

was
gibt es schöneres
unter der sonne
als wunschloses
träumen
traumhaftes leben
frei sein

schau
wie es dich mühelos
erhebt
vom himmel
abzeichnet
und dich fort ruft
fortlacht
anfangs
vielleicht nur
mit tollpatschigen
sprüngen
zaghaften schwüngen
waghalsigen
kreisen

ziellos
zu einem ganz
eigenen
und zugleich völlig
anderen als
meinem

vogel flieg

## *Anlandung*

keine Sprache war erhaben genug
um diesen Moment zu fassen
keine Weisheit groß genug
um ihn bis zum Grund
zu durchdringen
kein Schweigen still genug
all das Ungesagte
zu besänftigen
kein Schrei laut genug
mich ihm wieder
zu entreißen

wie heilsam
doch manchmal
Missverständnisse sein
können

## *Standpunkt*

Anstatt sofort
die Adler- auch die
Maulwurfsperspektive
einnehmen

## Schadenfall

Wenn auf einmal
keine Panzerung mehr da ist
kein Status, auf den
ich mich berufen
der mich noch schützen
kann

der Blick zurück
ganz stumpf geworden
der Blick nach vorne
haltlos

ich wünsche mir Frieden
ich wünsche mir
einen neuen Anfang
oder zumindest
ein etwas besseres Ende
dafür

ich weiß nicht, was jetzt
noch zu tun ist und wie ich
meine seelische Taubheit
überwinden kann

oder weiß ich es
doch

# *Entsöhnung*

Zu hoch
beliehene Träume
kühl zerstobenes
Gedenken
schroff zurück
gezogene Hände
unverhohlen
abgewandte Blicke
und grußloses
Entfernen
oder
noch schlimmer
grußloses Erinnern

egal, Hauptsache
man behält
recht

# *entrümpelt*

wo ich
aus meinem
Selbst
alles
entferne
alles
ausräume
was
den Blick
nach innen
verstellt

weg, weg
weg damit

## *Inside*

gegen
alle umstände
fest werden

warum nicht

wie gegen felsen
oder klippen branden
im persönlichen
versanden

außer sich
fürs erste, fürs letzte
meerwärts
erodieren, spekulieren
sich verlieren

und vielleicht

nein gewiss
woanders wieder
grund kriegen

endlich

## Inselreich

windschiefe Bäume
an Steilklippen, die jederzeit
abbrechen können
ausgetretene Sandpfade
die egal ob hinauf oder hinab
alle ans gewünschte Ziel führen

der Glamour des Meeres
das helle Glitzern des Wassers
eine kleine weiße Yacht
die majestätisch herannaht
in den Hafen einläuft
Vater, Mutter, Kind
die an einem Strang ziehen
könnten wir auch

ein anderes Leben
man braucht nicht viel
man braucht nur
verweilen – für einen Augenblick
an derselben Stelle
bleiben

die Geschichte, die Erinnerung
kommt dann ganz von allein
egal ob sie nun wahr ist
oder nicht

→

immer wieder Blau tanken
seewärts, landwärts
sich nicht satt sehen können
in der Nähe genau wie
in der Ferne
die gefühlte Weite
immer wieder einatmen
die Aussicht zur Sucht
werden lassen, warum nicht

und bei der Heimkehr, Gott lob
nichts anderes
als Möwen und Fähren
im Kopf

# Dem
## Zwischenmenschen

wie hältst du mich
nur aus

wie schaffst du es
mich Tag für Tag so herzlich
zu begrüßen

wie erträgst du es
mich jedes Mal geduldig
anzuhören

woher nimmst du die Kraft
all meinen Gedanken
zu folgen

wie kriegst du es fertig
mir dennoch niemals gram
zu sein

wie schaffst du es bloß
mir immer wieder
Mut zu machen

wie hältst du mich
nur aus

*Entwurzelt*

ein kurzer
glücklicher augenblick
ein blitzlicht der erinnerung
ein entferntes echo
von einem geliehenen
traum

als gäbe es kein außen
nur innen – und müsste ich
ein leben lang dorthin
stürzen

mich zu tode siegen
schonungslos
vaterlos, haltlos

dabei
wollte ich mich
am liebsten unentwegt
verschenken

und mich dadurch
von mir selbst
befreien

# *heimwärts*

Gedanken an Gedanken
Gesponnen

ein einziger
Moment
des Ausschweifens
des Sternesuchens
Stereknisterns
in der dunklen Nacht
reicht schon
fürs ganze leben

fürs Ganze
leben

und
das ist mehr
viel mehr als alle
Welt
und alles Ich
zusammen sein
könnte

sei es drum

die ganze
Menschheit fassen
geht nicht

geht nur
in einem einzigen
Exemplar

und das bist du
für mich

# Sentimental

Ein betagtes Lächeln
das aus dem nichts
kommt

nur dich meint

zum Greifen nah
und im selben schon
vergangen

wie in einem
verwunschenen
Spiel
die Zeit zurückdreht
den mütterlichen
Blick
das väterliche
Mahnen

die Lieder aus dem
Radio
von gestern
*all you need is love*

dein Schrei nach
Aufbruch und
Zuversicht
oder einfach nur
die Spur eines Glücks
das es nie gab

ob wir in diesen
Traum noch einmal
wiederkehren

ich weiß bloß noch
den Klang
die Farbe dazu
war deine

## *Nachlass*

Wenn du willst,
werde ich
in jedem Psalm,
den du liest,
enthalten sein.

Na klar.

In jedem Lied,
das du singst.
In jedem Glas
aus dem du
trinkst.
In jedem Lächeln
an das du
denkst.
In jedem Kissen,
auf dem du
ruhst.

Und in jedem
weiteren Schritt,
den du tust.

# *Durch dich*

gelobt
befreit
befeuert
zurückgekehrt
ins tiefe
ins eigene

bis auf
den Grund
entfacht
und wieder
zerstoben

gehalten
von unsichtbaren
Fäden
zartfühlenden
Netzen
und einer
unbeschreiblichen
Erinnerung
an eine
verwandte
Seele

zum Träumen
wahr
ganz gleich
wohin
ich gerade
strebe

## Universell

als wenn

alle Neuronen, alle Zellen
egal ob von einem winzigen Wurm
einer Maus, einem Elefanten
oder mir selbst
auf geheimnisvolle Weise
in Verbindung stünden

jedes Tier auch menschliches
und jeder Mensch animalisches
hätte

und
mir plötzlich klar würde, dass ich
wie alle anderen Kreaturen
demselben Ruf folgte

mich also auf derselben Ebene
derselben Flucht
in dieselbe Richtung
sehnte

und ich genau wie sie im Grunde
dieselbe Angst
denselben Schoß teilte

nur weil ich bin

## Gepriesen

Ich wollte
ich könnte einfach so
in den Tag hinein
und wieder heraus
leben

völlig nutzlose
Dinge tun und mich
gut dabei fühlen

so gut
wie noch nie

## Gänsehäutig

ich wünschte
ich könnte
die Geister des Windes
betören, ertasten

und mich nur denen
geschlagen geben
die mein Herz beflügeln
in zarten leichten
Brisen
fortzutragen
wagen

überall hin
an jedes Ende
an jeden Anfang

fort
in jene sagenhafte
Sprache, in der ich noch
alles glaubte, alles hoffte
alles wusste

# Mittagsstunde

sonnige Stille
auf den Straßen und Fluren
die Gedanken sind frei
als würden sie schweben
sich wie unbeschwerte
Drachen erheben

auf dem Gehweg entgegen
eine Mutter mit Kind

sie ist blond und schön
in einem bunten Chiffonkleid
und der kleine Junge
daneben – voll Stolz
mit Augen der Zuversicht
in den Beinen

die beiden halten, wiegen
einander die Hände

von weitem
als würden sie tanzen
singen, lachen
aber sie singen nicht
sie üben Zahlen

in einem fröhlichen Duett
37 – 38 – 39 – 40

als wäre ihre Welt perfekt
und ohne Wiederkehr

# *Upgrade*

stillschweigend
wurzelt mein baum
direkt
im himmel

und hofft damit
endlich
an der richtigen stelle
zu sein

zum ersten mal
weit ab
von wegen

## Ohne Aussicht

ob ich diesen Weg gehe
oder jenen

ob ich danach strebe
oder es meide

ob ich rede
oder schweige

ob ich mich gut fühle
oder schlecht

ob ich das Werkzeug
oder gar das Werkstück
bin

oder auch dies
nur eine Projektion ist
wie alles andere

ob das Gras nun wächst
oder der Vogel fliegt

ich versuch's
trotzdem

## Magischer Spruch

Sage dir
ich bin eine Bereicherung
für dieses Haus, für diese Welt
und dann bist du es auch

Sage dir
mein Leben ist eine Fortsetzung
aller Quellen, aller Flüsse in den Ozean
ohne die ihm etwas Kostbares fehlen würde
und dann ist es auch so

Sage dir
ich bin ein Traum, der so noch nie geträumt
und dadurch auch allen anderen Träumen
einen zusätzlichen Sinn gibt

Sage dir
ich bin ein Funken, der so noch nie geschlagen
viele weitere Feuer der Hoffnung entfacht
und wirst du es auch

Sage dir
nein, schwöre dir: mein Vater liebt mich
der göttliche in jedem Fall und dann
ist es auch so

## Optimistische Sichtweise

als könnte
das Unverständnis
oder sogar Missverständnis
genauso zur Heilung
der Welt beitragen
wie all unser Verständnis

es löst sich – alles löst sich
nur eben ganz anders
als wir denken

# *Wenn die Seele schrumpft*

Bruder
wo bist du

früher als ich
noch klein war
hast du dich
um mich gerissen

mich in Gedanken
achtsam
über manchen Graben
getragen

Bruder
wo bist du

oder hast mit stolzen
öligen Händen
mir akribisch
dein Motorrad
erklärt

→

und mich
beim Mitfahren
in den Kurven
das Festhalten an dir
gelehrt

nun sagst du
du könntest mich
nicht ertragen
oder
noch schlimmer
du sagst es nicht mal
sondern
du sprichst
einfach nicht mehr
mit mir

Bruder
wo bist du

# Weitblick

Wenn die Beduinen
in der Wüste gedenken
legen sie Steine
übereinander

weit draußen
hinter dem Horizont
da… wo sich alles
nach innen
kehrt

wie ein Mond
in unseren Träumen
vergeblich
auf uns wartet

und
unter unseren Füßen
unaufhörlich
zu Staub zerfällt

sei es, wie es will
nur die Liebe, sagt man
sagst du

nimmst du
mit

## *Verwettet*

wenn es von den Bäumen
überall
goldener Abschied
rieselt

und ich
mich an jedes Blatt
an jedes Bild von früher
klammere

egal
ob die Geschichte dahinter
überhaupt wahr
oder nur ein frommer
Wunsch ist

ein verschwiegenes
Abkommen
mit einem imaginären
du

eine letzte
Gravitationswelle
vom innersten aller Träume
die mich heute erst
erreicht hat

zu spät

179

# Winterreise

Wenn
die Schöße unserer Welt
sich nach innen
wenden

dem nächsten Himmel
der nächsten Erde
dem nächsten Kapitel
ihres Hierseins
entgegen

und
kein Mensch kein Tier
außer einer Krähe vielleicht
im Hochnebel
mit ihren
mahnenden Rufen
das Geheimnis
kennt

das unbekannte Ziel
den unsichtbaren Grund
aus dem alles
und alle vorwärtsstreben
ich auch

zum Greifen nah
und gleichzeitig so tief
so klug verborgen

dass es von niemandem
begriffen oder geteilt
werden kann

# Rettende Insel

sobald du
nur an einer einzigen
von tausend Stellen deine
sonst gewohnte Logik
durchbrichst

sobald du
eine tiefergehende Wahrheit
suchst und überall bloß
das Gegenteil
von Gegenstück
findest

sobald dir
jedes Bild der Versöhnung
wichtiger erscheint
als dein Recht
oder der Kampf darum

sobald du
für einen Moment
einfach nur still
in dich hineinhorchst
ja, vielleicht sogar hinein
lächelst

und sagen kannst
es ist gut

## Die Wolken kommen
## und die Wolken ziehen

Die Hoffnung für meine
durchs Leben fliehende Seele
sitzt auf den Dächern

Die Wolken kommen
und die Wolken ziehen

Sobald mir die Dinge neu
klar werden, himmelflehend
tiefblau und heiter

Die Wolken kommen
und die Wolken ziehen

Sobald das Schlimmste
vorbei, fassungslos entrückt
erscheint

Und aus rauen Träumen
ein letztes Mal meine Lippen
berührt

Die Wolken kommen
und die Wolken ziehen

Ende

*Zugaben*

## Korrektiv

Wie gut,
dass da immer
jemand ist,
der sich quer
stellt, Sand
im Getriebe
unserer Logik
ist

## Heiliger Strohsack

Ich bin nach Afrika gereist in eines der Flüchtlingslager! erzählte er und wollte den Armen mit seiner Hilfsaktion zumindest ihre Würde zurückgeben. Erfahren habe ich jedoch in der direkten Begegnung mit diesen Menschen genau das Umgekehrte… dass sie mir ein Stück meiner Würde zurückgegeben haben! berichtete der Arzt.

Wisst ihr, ich habe ein Obdachlosen-Projekt gemacht, erzählte dann ein Sozialarbeiter: Da habe ich eine Zeit lang mit wohnungslosen Menschen verbracht in verschiedenen Großstädten hier bei uns in Deutschland und sie gefragt, was andere Menschen vielleicht von ihnen lernen könnten? Da haben sie mich total erstaunt angeschaut: Was sollen andere schon von uns lernen? Und nach weiterem Überlegen haben sie mir dann viele Beispiele für „Freundschaft und Nächstenliebe" erzählt.

*Soziale Kompetenz in einer Gesellschaft lernt man also nicht von den Starken sondern viel mehr von den Schwachen, Gehandikapten und an den Rand gedrängten Menschen.*

Konkurrenz und Wettbewerb sind gut und schön… mischte sich ein Evolutionsforscher ein… aber Empathie und Mitgefühl ist noch viel besser! sagte er. Alle neuronalen Netzwerke in unserem Gehirn sind auf Kooperation und nicht auf Konkurrenz ausgerichtet. Und wird im limbischen System das Zentrum für Mitgefühl aktiviert, werden dort sofort Glückshormone ausgeschüttet.
Deshalb ist Geben tatsächlich immer seliger denn nehmen.

Das ist die Währung, auf die es im Grunde ankommt. Die Kinder, ganz gleich aus welchem Kulturkreis, tun dies übrigens von Anfang an, ohne dies erst lernen zu müssen und wollen immer altruistisch helfen. Das tun sie auch ohne Belohnung. Man hat herausgefunden, dass mit wachsender Belohnung die Hilfsbereitschaft sogar deutlich abnimmt.

In der Diskussion fiel auch das Wort vom reziproken Altruismus. Ich grübele jetzt darüber nach. Es könnte vielleicht ein Vorsatz fürs neue Jahr werden oder überhaupt fürs weitere Leben.

# Blitzlichterinnerung

Sie erzählte dann, dass sie als Kind schon um sechs Uhr morgens in den Kindergarten musste, weil ihre Mutter in den 50er Jahren im Schichtdienst einer großen Textilfabrik arbeitete.

*„Arme meine Mutter!"* seufzte sie und dachte an das schwere Leben, das ihre Mutter als alleinerziehende und völlig auf sich gestellte Frau in jener Zeit führen musste.

*„Die Kinder aus besser situierten Familien kamen immer erst um acht und ich wollte deshalb auch einmal erst um acht Uhr reingehen müssen!"*

Also rannte sie an diesem Tag, als die Mutter sie zum Hort brachte, nicht hinein zu den anderen, sondern stahl sich heimlich davon um die nächste Ecke. In der Nähe gab es ein paar Nadelbäume: *„Die hab ich mir angeschaut, aber auch die kleinen Blumen am Wegesrand!"* und in jede versuchte sie sich hineinzuversetzen, als hätte jede Blüte, jedes Kraut, jeder Halm und jedes Blatt für das kleine Mädchen einen ganz eigenen und besonderen Zauber.

Wie lange der kleine Ausflug damals dauerte – ob Stunden oder nur Minuten, wusste sie heute nicht mehr: nur dass sie ein besonders schönes Gefühl des Eins-Seins erfasste… als würde sie mit jeder Blume, mit jedem Blatt, in das sie sich hineinträumte, in eine andere Welt von Paralleluniversum geboren.

Nach dem Kindergarten ging es zur Schule. Und mit dem Erwachsenwerden wurde aus der kindlichen Wahrnehmung wie bei jedem von uns – nach und nach – das *„innere Kind"*. Natürlich!

*„Ein Kind verschwindet nicht, nur weil du die eigene Kindheit irgendwann hinter dir lässt"* sagt sie: *„Es ist dann nur woanders!"*

Der Zauber jenes Morgens in dem kleinen Park hinter dem Kindergarten zeichnete und färbte bis heute, selbst fünfzig Jahre danach, noch immer ihr Antlitz, als schaute aus ihren Augen ein Engel, der die Schöpfungen von Gottes Natur pries und mit dem sie Seite an Seite gedankenverloren durch die Gärten der Erinnerung streifte… oder bei sich zuhause einfach nur die Blätter einer Zimmerpflanze betrachtete, als wäre jede einzelne Faser und selbst das kleinste Detail davon ein Wunder für sich.

*„Sterben kannst du immer noch"* sagte sie: *„aber bis dahin sollst du leben… hoch sollst du leben!"*

## Stiller Tag, heiliger Tag

Ein ungemütlicher Nachmittag. Es ist kalt und nass und die ganze Stadt in einen beklemmend grauen Schleier gehüllt. Die Menschen auf der Straße tragen regenfeste Jacken und sind bis oben hin zugeknöpft.

Ich sehe eine alte Frau, die zu Fuß an glanzlosen Fassaden vorbei, die an Lagerhallen oder Betriebshöfe erinnern, in Himmelsthür, einem nach Norden gerichteten Stadtteil unterwegs ist. Sie schlüpft in einen dieser Discounter, die mit prahlerischen Aufschriften fast überall zu finden sind.

Ich beobachte, wie sie die Regale leicht gebückt und mit wachen Augen entlang streift. Sie ist klein und ziemlich hager, Schuhgröße 34. Höchstens. Ihre weißen Haare ungeordnet und ihr Mantel ziemlich abgetragen. Das Tuch zeugt von besseren Zeiten in ihrem Leben.

Sie tippelt langsam und begutachtet eine Dosenpyramide mit Konserven im Sonderangebot, bevor sie sich mit wehmütigem Entzücken eine große Tafel Schokolade anschaut.

An der Kasse hat sie nichts außer einer Dose Kartoffelsuppe, die sie sorgsam aufs Band legt und dafür einige Münzen zusammensucht. Ich sehe, wie sie die einzelnen Geldstücke heraus fingert und der ungeduldigen Kassiererin reicht.

Und dies kommt auch noch hinzu! rufe ich kurz entschlossen, lege die Schokolade und einen kleinen Geldschein dazu. Sie mustert mich und sagt ganz leise: Danke!

Draußen vor dem Geschäft bleibt die alte Frau für einen Moment stehen, als müsste sie sich sammeln, sich erholen, bis ihre Seele nachkommt. In ihrem Tragebeutel rückt sie die Dose und die Schokolade zurecht, schaut noch mal in ihr Portemonnaie und macht sich langsam auf den Weg.

## *Wider gegen jede innere Abspaltung*

Liebe Freunde und Mitstreiter!

Es ist wunderbar, dass wir heute im „Bündnis-gegen-Rechts" zusammengekommen sind, nicht nur um gegen etwas zu demonstrieren sondern vor allem für etwas:

Für Respekt und Empathie, Achtsamkeit und Offenheit (Fairness) gegenüber jeder Frau, jedem Mann und jedem Kind, ganz gleich welcher Hautfarbe und welcher Religion auch immer.
Schauen wir uns um und schauen wir uns an! Was sehen wir da? Das Gute kommt nicht lauthals, nicht grölend im Krawallmodus, sondern vielmehr leise, behutsam und friedfertig.

Andernfalls wäre unser Hiersein – unser ganzes Engagement für das Gemeinwesen auch nur wie eine ins Nichts führende Leiter, die sich nirgendwo anlehnen kann. Deshalb bin ich dankbar und stolz, in einem Land leben zu dürfen, in dem die Würde jedes einzelnen als unantastbares Gut gilt.

(kurzes Schweigen)

Wiederholung schafft Erinnerung und Erinnerung schafft Wiederholung. Die Grenzen meiner Sprache sind die Grenzen meiner Welt. Und wer die Sprache hat, hat die Gedanken! Sonst würden wir uns alle nur in liederlicherweise anblöken.

Umso kümmerlicher ist es, dass es in unserem Land immer mehr Menschen gibt, die für den Roman ihrer Angst die Figur des „Fremden" oder „Überfremden" erfunden haben. Als wäre dieser kein Mensch wie wir, kein Artgenosse, sondern eher ein wildes und angstmachendes Wesen, auf welches man seine eigenen Ängste projizieren kann, um sie so besser bekämpfen zu können. Wie ist es um einen Menschen bestellt, der nur durch die Erniedrigung anderer sich selber stark und zufrieden fühlen kann!?

(längeres Schweigen)

Kurz vor dieser Versammlung habe ich alles in den Papierkorb geworfen, was ich zunächst zu diesem Thema verfasst hatte. Meine Worte kamen mir plötzlich leer und phrasenhaft vor: wie der hilflose Reflex eines „Gutmenschen", der moralisch erhaben und politisch korrekt auf der richtigen Seite zu stehen versucht.

Dabei wollte ich mal einen neuen Gedanken entspinnen, einen, der nicht sofort von unserem politischen Links-Rechts-Raster und der Erinnerung an die Schrecken des Nationalsozialismus verbarrikadiert ist. Denn das Phänomen der Angst (in uns) vor dem Fremden gab es schon immer!

Im 14. Jahrhundert sperrten unsere Vorfahren hier in Hildesheim die flämischen Tuchmacher-Familien, welche damals in den Feuchtgebieten unterhalb des Moritzberges (in der Nähe des heutigen Phoenix-Geländes) lebten, an einem Weihnachtsabend in ihre Kirche, um sie dort bei lebendigem Leibe zu verbrennen.

Und welcher Wahnsinn trieb die Menschen in Paris knapp 200 Jahre später in der Nacht vom 23. auf den 24. August des Jahres 1572 dazu, Tausende von Hugenotten zu erschlagen? Damals waren es – ähnlich wie heute – religiöse Konflikte, die in der Bartholomäus-Nacht ihren grausamen Höhepunkt fanden.

Welcher Wahnsinn bringt junge Leute heutzutage dazu, als Hilfskrieger und Selbstmord-Attentäter nach Syrien in den Krieg zu ziehen? Oder sich in Schmäh- und Gewaltexzessen zu entladen?

Was ist das nur für ein schreckliches Phänomen?

Auf der Suche nach einer Antwort stieß ich auf den französischen Denker und Schriftsteller Michel de Montaigne, ein Mann des 16. Jahrhunderts, bei dem bereits William Shakespeare viele Anleihen genommen hat.

In einem äußerst interessanten Text schrieb Montaigne nur wenige Jahre nach der Entdeckung Südamerikas am Beispiel der brasilianischen Ureinwohner über die feindselige Projektion der Europäer auf die sogenannten bösen Wilden; und stellte diesem aus Hass und Furcht geprägten Bild des Fremden die Vision eines Natur-Menschen gegenüber, der es schafft, auch ohne die Segnungen der Zivilisation ganz in der Gegenwart zu leben.

Seine Kritik setzte schon am damaligen Sprachgebrauch der europäischen Entdecker und Eroberer an, die, trotzdem sie so viele dieser Ureinwohner grausam zu Tode marterten, doch allen Ernstes geglaubt hatten, sich selbst für zivilisierter und gottgefälliger als die dort lebenden Eingeborenen halten zu dürfen.

Am Ende seiner Schrift berichtet Montaigne von drei Indianern, die ihr schönes Land jenseits des Atlantiks verlassen hatten, um das unsrige zu besehen. Der Autor selbst begegnete ihnen vor etwa 450 Jahren in Rouen – einer französischen Hafenstadt ähnlich groß wie Hildesheim.

Auf die Frage, wie die Indianer das beurteilten, was sie in Europa gesehen hätten, wunderten sich die Fremden darüber, dass sie hier in Europa Leute gesehen hatten, welche an allem einen Überfluss hätten, da hingegen ihre eigenen Hälften auf der Straße vor ihren Türen wiederum hungerten und nackend bettelten.
Und es käme ihnen seltsam vor, dass diese Elenden dergleichen Ungerechtigkeit überhaupt erduldeten, und dass sie sich nicht über die andern hermachten oder ihnen die Häuser ansteckten.

Dieser Satz von den amerikanischen Ureinwohnern, die nach ihrer Art zu reden, einen jeden Menschen des anderen Hälfte nannten, hat meinen Blick wiederum für unsere Zivilisation und unsere heutige Art zu leben, neu beseelt. Liegt darin doch ein Menschenbild, das uns eine neue Vision sein könnte für eine moderne und globalisierte Welt.

Denn das Bild von **„der anderen Hälfte“** schließt das Wohlergehen des anderen als unseren Nächsten immer mit ein; egal wie befremdlich er sich gelegentlich uns auch zeigen möge.

Ich komme zum Schluss!
Vielleicht dauert es noch mal 100 Jahre, bis unsere Art der Zivilisation zivilisierter wird, aber was sind schon 100 Jahre im historischen oder anthropologischen Maßstab.

Sisyphos der Götterheld, der dazu verurteilt war, ein und denselben Felsbrocken immer und immer wieder den Berg hinaufzutragen, soll die Götter schließlich darum gebeten haben: **Bitte lasst mir den Stein!** als wäre die damit verbundene Mühsal sein eigentliches Lebenselixier.

Dieser Stein verkörpert für mich die Sehnsucht, die Fragen, die uns am meisten bewegen, auch zu leben. Wünschen wir uns genau wie Sisyphos weiter die Geduld und die Zuversicht, die eine freie und humanitäre Gesellschaft braucht, um den Stein der Erkenntnis jeden Tag aufs Neue wieder ein Stück nach vorne zu bewegen.

Vielen Dank für Ihre Aufmerksamkeit!

# Interview mit Jo Köhler
## über Zugänge der Literaturarbeit

Die Fragen stellt Martina Krafczyk – Studierende der
Kulturwissenschaften in Hildesheim – auf einem kleinen
Rundgang durch das Forum-Literaturbüro

**Martina Krafczyk:** Herr Jo Köhler, was heißt für Sie Lite-
raturvermittlung?

**Jo Köhler:** In die Wüste gehen und schauen, wen oder was
man dort erreichen kann – denn so, wie man in sie hin-
einruft, schallt es bestimmt nicht wider. Und machen wir
uns nichts vor, am tiefsten und authentischsten finden wir
unsere Kultur da wieder, wo sie Provinz ist: die Nische,
in der wir uns aufheben und auf das Große und Ganze
schauen.

**Martina Krafczyk:** Literaturhäuser, gab es die schon?

**Jo Köhler:** Literaturhäuser als Veranstalter, ja, die hatten
sich in Metropolen Hamburg, München herausgebildet.
Aber eine Anlaufstelle für Schreibende, nicht nur für eta-
blierte Autoren, sondern gerade auch für werdende oder
noch unbekannte, damit auch diese ein Gegenüber finden,
mit dem sie sich kompetent austauschen können, das gab
es noch nicht, so gut wie nichts diesseits oder jenseits der
ausgetretenen Pfade des konventionellen Literaturbetriebs.

Die große Dame der Kommunalpolitik seinerzeit, Lore
Auerbach, soll in einer Ratssitzung den legendären Satz

gesagt haben: „Die Literatur in Hildesheim ist ein unbeschriebenes Blatt!" Und so ganz verkehrt war das nicht.

Die Universität mit dem Kreativen Schreiben war noch gar nicht gegründet. Und in der Stadt gab es lediglich ein, zwei Buchhandlungen, die sporadisch die eine oder andere klassische Autorenlesung veranstalteten. Das ging dann eher in Richtung Loriots *„Pappa-Ante-Portas"*, wo der Dichter bedeutungsschwanger mit bleiernem Ernst und pädagogischem Unterton seine Werke vortrug.

Ich habe damals für eine neue Art der Literaturvermittlung geworben und schließlich über Gerhard Schröder, der damals Ministerpräsident in Hannover war, eine Unterstützung dafür bekommen.

Mitgemacht haben dann allerdings nicht die Autoren, die ich erwartet habe, sondern vor allem junge Leute, die nach einer Orientierung suchten. Wir trafen uns in einem gerade gegründeten soziokulturellen Zentrum und formten daraus den „Offenen Autorenkreis", in dem wir uns ohne literaturwissenschaftliche Verrenkungen über die fixe Idee des Schreibens und neue Wege der Veröffentlichung austauschen konnten. Jeder Schreibende war hier willkommen, niemand wurde ausgegrenzt.

Das erste große gemeinsame Projekt war dann der Lyrik-Garten im Park einer Jugendstilvilla. Ziel war die Materialisierung, die Vergegenständlichung des Gedichts… weg von der blanken Fixierung auf das geschriebene Wort. Das hat eine Lawine losgetreten, sodass wir aus ganz Europa

Nachfragen von Autoren und Künstlern bekamen, die im Lyrik-Garten literarische Objekte schaffen wollten.

**Martina Krafczyk:** Haben Sie da ein Beispiel?

**Jo Köhler:** Ein kleines Mädchen hat mit seiner Familie auf dem Festivalgelände zum Beispiel einen Flaschenpostteich gebaut. Ein anderer Künstler hat in einer hundert Meter langen Installation Texte von Camus mit Buchstaben-Nudeln auf Tellern fixiert.

Es war wunderbar zu sehen, wie dort die unterschiedlichsten Künstler zusammengekommen sind. Das hat eine ganz eigene und inspirierende Atmosphäre geschaffen, ganz anders wie bei einer Vernissage oder Berlinale. Das war eigentlich das Faszinierende, Kreise in allen gesellschaftlichen Kreisen zu ziehen und einen Ort zu schaffen, der das vermitteln konnte.

Da gehörte eine Lesung aus den gerade erschienen Tagebüchern von Viktor Klemperer genauso hin wie die rhythmisch afrikanische Erzählkunst, wenn ein Nigerianischer Autor in seiner bunten landestypischen Tracht von dem Palast der Königin Schildkröte erzählte… oder eine Autorengruppe aus Hamburg auf Bäume kletterte, um von oben herab das Publikum zu belesen.

Zur Jahrtausendwende haben wir dann das „Ei der tausend Wünsche" konzipiert und darin Texte von Zeitgenossen aus der ganzen Welt gesammelt. Das Riesen-Ei enthält über 1000 Beiträge und steht heute als Wahrzeichen und Sinnbild vor unserem Büro.

Parallel dazu schufen wir dann die ersten sogenannten Lyrik-Säulen, die wir mit Hilfe des Berufsbildungszentrums in der Innenstadt an den flüchtigsten Orten installiert haben. Literatur muss sich in den Weg stellen, finde ich.

**Martina Krafczyk:** Und die Texte da drauf, von wem waren die?

**Jo Köhler:** Die Texte gelangten auf unterschiedlichsten, manchmal abenteuerlichen Wegen zu uns. Eine 16-jährige Autorin aus Sibirien „Saskia" schickte ein tolles Gedicht „Den Gesang der Rentiere" über das Problem des Alkoholismus: *„Die Mutter sitzt am Fluss und umarmt das Kind und der Vater umarmt die Flasche"*

Die Lyrik-Säulen wiederum waren, wenn man so will, ein Vorläufer zu den Lesezeichen, wie man sie heute bei uns in der Stadt sehen kann.

**Martina Krafczyk:** Wie organisiert man ein so großes Projekt wie „Lesezeichen" überhaupt?

**Jo Köhler:** Das ist von der Genehmigung her schon kompliziert und hat mindestens ein Jahr Vorarbeit gebraucht, nur für die Recherche und die Genehmigungen, alle Entscheider oder *„Hüter der Orte",* wie wir sie poetisch nennen, einzubinden. Das gibt dem Projekt eine zusätzliche Identifikation. Es gibt keine andere Stadt in Deutschland, wo es möglich ist, auf dem Fußboden von Einkaufspassagen, an historischen Kirchen, in den Wartehallen des Stadtverkehrs oder auf den ICE-Bahnsteigen im HBF Gedichte zu installieren.

**Martina Krafczyk:** Wann hat das angefangen?

**Jo Köhler:** In einer Winternacht 1996 haben wir Gedichte wild an Bushaltestellen geklebt. Später haben wir die Gedichte mit Unterstützung des Stadtverkehrs in den Fahrplankästen und in den Bussen platzieren können. Ich glaube, es gibt inzwischen fast 30 verschiedene Ausgaben von Busplakaten, die wir produziert haben. Es ist für Hildesheim ein ganz eigenes Medium daraus entstanden. Manche Fahrgäste stehen dann davor und schreiben die Gedichte ab.

Schließlich haben wir auch Wettbewerbe veranstaltet. Anfangs hatten wir 60 oder 70 Einsendungen nur von Autoren aus der Region, jetzt sind es bis zu 1.200 Einsendungen aus der ganzen Welt, die uns erreichen.

Im Jahr 2008 kam der Marienfriedhof und die Frage, ob man einen solchen Ort überhaupt poetisch aufladen kann? Es gab in der Stadt erhebliche Widerstände wegen der Pietät, weil auf dem ehemaligen Friedhof noch jede Menge verwitterte Grabsteine zu sehen sind.

Aber es funktionierte. Künstler aus ganz Europa schufen dort phantastische Installationen. So gab es z.B. das Gletschertelefon, konzipiert von einem Künstler aus München, von dem aus man einen Gletscher in den Alpen anrufen und live zuhören konnte, wie dieser schmilzt und immer weniger wird.

Bei unseren Projekten sind aber auch immer wieder Künstler und Literaten dabei, die zum ersten Mal etwas probieren.

Und genau das ist unsere Aufgabe, nicht bloß auszusieben, sondern zu inspirieren und zu ermöglichen.

Ich denke hier z.B. an die Lyrik-Ambulanz, eine Künstlergruppe aus Rheinland-Pfalz, die auf dem Parkgelände mit einem Erste-Hilfe-Zelt unterwegs waren. Die Leute haben sich dort mit Gedichten von Goethe und Schiller behandeln lassen.

Ein anderes Beispiel war das Konzert, das ein großartiger Pianist aus Peking im Lyrik-Park gegeben hat, Open Air. Ein ganz außergewöhnliches Erlebnis. Ein klassisches Konzert, dem auch viele Menschen aus sozial stark benachteiligtem Milieu andächtig lauschten, die vermutlich noch nie in ihrem Leben einen Konzertsaal von innen gesehen haben.

Oder lassen Sie uns an das „Gewächshaus der Erinnerung" denken, das Medienkünstler aus Köln in einer furiosen Performance aus Erinnerungsstücken (alten Briefen, Ansichtskarten etc.) von Passanten 2010 geschaffen haben.

**Martina Krafczyk:** Woher kommt eigentlich dieses Objekt?

**Jo Köhler:** Das ist ein Kunstwerk von einem befreundeten Bildhauer: „Stein im Brett" hat er es genannt, in einem Stück Holz einen Stein und in den Stein ein Buch von mir montiert, in dem man blättern kann.

**Martina Krafczyk:** Was sind das für laminierte grüne Blätter?

**Jo Köhler:** Die stammen vom Baum der Poesie und einer mobilen Druckerwerkstatt, die wir im Lyrik-Park veranstaltet haben. Wir hatten dort einen hohen blattlosen Baum aufgestellt. Das Publikum hat Haikus entwickelt und diese dann als Blätter an diesen Baum gehängt, der vorher tot war und nun durch die Poesie wieder belebt wurde.

**Martina Krafczyk:** Was ist das eigentlich für eine Auszeichnung an der Wand?

**Jo Köhler:** Das ist der schönste Preis, den wir bisher für unsere Suche nach neuen Wegen der Literaturvermittlung erhalten haben. Von der Stiftung Lesen in Mainz 1997.

**Martina Krafczyk:** Was macht das Bild von Prof. Wolfgang Schneider, dem Gründer des Instituts für Kulturpolitik, hier direkt daneben?

**Jo Köhler:** Es zeigt ihn bei der Eröffnung des Lyrik-Gartens 1998 in der Orangerie am Weinberg. Dort haben wir u.a. Lyrik und Tanz gemacht, eine Tänzerin aus der Schweiz hatte sich in Textbahnen eingehüllt und sich im wahrsten Sinne des Wortes daraus freigetanzt bzw. entwickelt.

**Martina Krafczyk:** Da drüben, sind das Bilder aus einem Schulprojekt?

**Jo Köhler:** Ja „Erzähl mir eine Geschichte" war das Thema. Die Schüler haben Biografien von Menschen aus ihrer Umgebung recherchiert und auf unterschiedliche Weise nacherzählt. Alle künstlerischen Mittel waren erlaubt. So haben einige Schüler z.B. den Lebenslauf eines Einsiedlers in Form eines Flusslaufes nachgebaut, von der Quelle bis zur Mündung.

**Martina Krafczyk:** Und was ist mit diesem Plakat?

**Jo Köhler:** Hier geht es um das Festhalten von Lebenserinnerungen. Die Teilnehmer dieses Projektes hatten alle eines gemeinsam: sie hatten keine Sprache für sich selbst oder ihre Innenwelten, egal wie gebildet sie auch sein mochten.

Eine solche Sprache zu finden und diese als Quelle freizulegen, war das Ziel. Es ging um Inspiration und inspirieren wiederum können nur Menschen, die selber inspiriert sind. Der DLF hat eine tolle Reportage darüber gemacht.

**Martina Krafczyk:** Wer ist Ihre Zielgruppe?

**Jo Köhler:** Für mich geht es nie um Zielgruppen, sondern immer um Menschen und deren schöpferisches Verlangen.

**Martina Krafczyk:** Meinen Sie den Selbstausdruck?

**Jo Köhler:** Der schöpferische Prozess ist am Anfang immer ein chaotischer, darauf muss man sich erst mal einlassen. Der Mensch ist von Natur aus schöpferisch. Wie es einen Schöpfer gibt, der uns geschaffen hat, haben wir die Fähigkeit, selbst schöpferisch zu sein. Das ist nicht nur eine Sache für Leute, die studiert haben, sondern in jedem und durch jeden möglich.

Grundlage für mich ist der Begriff des Universellen, doch diesen haben wir leider, wie vieles andere in unserer Zivilisation, immer mehr aufgespalten, aufgesplittert in verschiedene Disziplinen und Unterdisziplinen.

Und last but not least geht es immer auch um Relevanz, um innere Not-Wendigkeit. Wofür mache ich das eigentlich? Lohnt es sich, meine Lebenszeit – das Kostbarste, was ich habe – dafür einzusetzen? Sonst würde es auch genügen, eine Schreibwerkstatt zu besuchen, wie man einen Töpferkurs belegt. Für mich beginnt es an der Stelle, wo der Mensch erkennt, dass das Leiden sein kostbarstes Kapital ist, mit dem es schöpferisch zu arbeiten gilt. Egal, ob es jetzt ein Balletttänzer, ein Bildhauer, Maler, Musiker oder Schriftsteller ist.

**Martina Krafczyk:** Und das ist bei Ihnen auch so?

**Jo Köhler:** Na klar, dem Wesen der Dinge nachzuspüren und ihm eine Sprache zu geben, damit das Unsagbare sagbar und das Unteilbare teilbar wird, ist für mich eine der vornehmsten Aufgaben aller Künste.

Dichter-Sein ist für mich kein Status, ich bin es nur in dem Moment, wo ich es tue und solange ich es tue. Deshalb sehe ich den Dichter auch nicht als Urheber, sondern viel lieber als jemanden, der aus dem Universum – oder von wo auch immer – so etwas wie Energie und Inspiration empfängt, das Empfangene dann wiederholt und durch die Wiederholung verändert und an andere weiterleitet.

Nebenbei gesagt halte ich auch die Vorstellung, dass der Autor sich ein Thema sucht, für narzisstisch überzogen; umgekehrt wird viel eher ein Schuh daraus: nicht der Autor sucht sich eine Geschichte, sondern die Geschichte sucht sich einen Autor, einen ganz bestimmten Menschen, der diese erzählen soll.

**Martina Krafczyk:** Warum thematisiert das eigentlich niemand im Literaturbetrieb?

**Jo Köhler:** Gute Frage! Wahrscheinlich, weil dann das Selbstbild vieler Meinungsführer im Literaturbetrieb zusammenkrachen würde. Und sie alle Angst davor haben, an Bedeutung zu verlieren, wenn herauskäme, dass es ganz andere Dinge gibt, die viel wichtiger sind als das, was bis dato aufs Schild der Literaturwissenschaften gehoben wird.

Wie bei Exuperys *„Stadt in der Wüste"* steht für mich nicht das Regelwerk an erster Stelle, sondern die schöpferische Leidenschaft, das Feuer, das es zu entfachen gilt… oder wie dort geschrieben steht, das Wecken der Sehnsucht nach dem Meer: alles Weitere an Handwerk oder Technik ergibt sich dann daraus!

**Martina Krafczyk:** Glauben Sie, dass Sie hier in Hildesheim am richtigen Ort sind?

**Jo Köhler:** Ja! Eine Journalistin vom NDR hat mich kürzlich gefragt, was mir an dieser Stadt besonders gefällt. Da habe ich spontan zu ihr gesagt, weil es hier so viele Widerstände gibt, denn erst die Widerstände zwingen mich, alle meine Kräfte zu mobilisieren!

# Vita – Jo Köhler

## Persönliche Angaben

| | |
|---|---|
| Beruf | Dichter, Kulturinitiator und Literaturvermittler |
| Geburtsdatum | 6.12.1960 in Hildesheim |
| Familienstand | Verheiratet |
| Kinder | 1 Sohn, geb. 1979 |
| | 1 Enkeltochter geb. 2011 |

## Künstlerischer Werdegang

*„Als Kind bekam ich von meinem Vater oft die Botschaft zu hören, dass ich ein Nichtsnutz wäre und für nichts richtig taugen würde. Dieses scheinbar Unnütze zu kultivieren, wurde mir eine starke Antriebskraft in meinem weiteren Leben. Vor allem faszinierten mich schon immer die Magie der Buchstaben und das Schaffen von dichterischen Lebensräumen."*

## Preise und Auszeichnungen

**1997 Preisträger der STIFTUNG LESEN in Mainz**
2002 Preisträger der Nationalbibliothek der Deutschen Sprache
2002 Dorstener Lyrikpreis
2008 Preisträger Bibliothek deutschsprachiger Gedichte München
2012 Nominiert für den Bundeswettbewerb „Land der Ideen"

## Buchveröffentlichungen

1996  „Von Mensch zu Mensch" im Thaleia-Verlag,
      Saarbrücken
1997  „Und doch" Fouque-Verlag, Frankfurt am Main
2000  „Eine Frage der Zeit" IKW-Verlag, Hildesheim
2001  „In der Nähe die Ferne" IKW-Verlag,
      Hildesheim
2015  „Die gepresste Zeit" (Roman), Amazon
**2018  „Versuch einer Annäherung", BoD Lyrik-
      Band**

## Überregionale Medienberichte

5.12.1997   Hannoversche Allgemeine „Lyrik an der
            Haltestelle"
14.10.2000  SWR-Filmproduktion „In den Wind
            geschrieben" von Kai Henkel
19.12.2000  FAZ-Feuilleton „Keiner liest mich" von
            Hubert Spiegel
17.4.2001   SWR 2 Eckpunkte „Dichterische
            Lebensräume" von Anat-Katharina Kalman
19.12.2008  Deutschlandradio Kultur von
            Adama Ulrich über das Projekt
            „Lebenserinnerungen" in Hildesheim
1999-2006   Weitere Berichte im NDR-Fernsehen und
            NDR Hörfunk

Weitere Informationen über Person und Werk auch im Internet unter

- KÜRSCHNERS deutschem Literatur-Lexikon, Leipzig www.saur.de/kdl
- WHO IS WHO der Bundesrepublik Deutschland www.whoiswho-verlag.ch
- Forum-Literaturbüro e.V. www.forum-literatur.de

# „Nichts ist für die Menschen so identitätsstiftend wie der Umgang mit der eigenen Sprache"

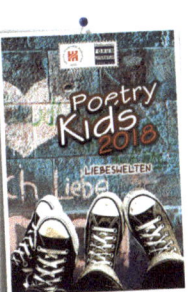

# Herzlich willkommen in der
# Literatur-Apotheke

Lyrik und Prosa als erste Hilfe, Trostpflaster, Injektion oder Balsam!

Gedichte werden hier zu Text-Präparaten. Ein gutes Wort kann trösten und besänftigen, aufrütteln und Mut machen: von der Rezeption zur Rezeptur!

Mit der weltweit ersten Literatur-Apotheke geben wir allen Literaturinteressierten die Möglichkeit sich über Wirkungsweisen des Literarischen ganz persönlich auszutauschen.

Hier zählt nicht das Marketing, sondern allein die „inneren Werte" des jeweiligen Textes. Reichen Sie selbst Texte ein oder kommentieren und bewerten Sie die Texte anderer.

Wir wünschen Ihnen viel Freude beim Stöbern und Ausprobieren!

WWW.LITERATUR-APOTHEKE.DE